イスラーム信仰叢書 9

イスラーム現代思想の継承と発展

—エジプトの自由主義

水谷 周 著

国書刊行会

最も慈悲深く、最も慈愛あまねきアッラーの御名において

はしがき

中東で民主化と自由主義の嵐が吹き荒れる中、本書が公刊されるタイミングとなった。そのテーマは、二つある。

一つは現代イスラームにおける自由主義の継承と発展という問題である。時事的には過激派の動きだけが注目されて報道される傾向にある。しかし大多数の人々は、それには与していない穏健派である。彼らはイスラームの解釈と運用において、イスラームが創始された初めからそうであるように、柔軟な姿勢で現実世界に取り組んでいるのである。そのような立場の総称が自由主義である。それは体系立った思想ではないし、あるいは組織立った団体でもない。いわば自然な、本来のムスリムたちである。過激派による最大の被害者は、誤解を受けがちなこれら穏健派自由主義者たちである。

「中道派」といった名称も使いながら、これら自由主義者たちの思想的な巻き返しがようやく叫ばれつつあるのが、二一世紀に入っての大きな動向である。それを念頭に置いて、自由主

義の継承と発展のあり方をつぶさに追ってみたいものである。

次のテーマは、一見イスラーム一色にまとまっていると見られがちな中東・アラブ世界において、信仰生活はどのように現代社会と向き合っているのであろうか？　これは、無宗教と言われてはばからない日本からの問いかけとして、自然なものであった。著者はこの問いかけの旅について四〇年ほどになる。その回答は、かの地においてこそ骨身を削る問題として受け止められているというものであった。科学の発達と物質文明の繁栄、さらにそれらが西洋文明として中東イスラーム社会に対する重圧としてのしかかる状況は、日本からも想像するに難くはない。それはイスラーム信仰を根底から揺るがしかねない挑戦であり、危機と見られた。

現代イスラーム社会の主要なこれら二つの課題について、日本でも広く知られ、理解されることを強く望まざるをえない。伝統的にイスラームと見られる社会においても、日々の生みの苦しみを経ていることに変わりはない。挑戦状は外の世界から、そしてそれを反映しつつも同時に自身の社会内部からも突きつけられているのだ。そのような軋轢と変貌の中、イスラームは一筋の中枢神経のように実に根強くしなやかに、その強靭さを発揮していると見られる。

二〇一一年三月

著　者

目次

収載写真一覧

第1章　序　論

本書の範囲について

初めに本書の課題や狙いを、少し詳しく述べておきたい。

まず近現代がいつから始まったと考えるのかということについて、改めて考えておく必要がある。それを一応、ヨーロッパを中心として工業化が進み、海外への植民地進出が本格化した一九世紀後半以降としておきたい。中東アラブ世界に食指が伸びるのもその頃からである。イスタンブールのオスマーン・トルコへはもう少し早くから直接的な波紋が及んできていたが、危機的状況を示しはじめたのは、やはり同世紀後半からであった。

一方において、イスラーム自身の危機は別途の経路で叫ばれつつあった。それは宗教としての腐敗、堕落、逸脱との戦いの始まりであった。そのような諸問題は実は新しいことではなく、中世の昔より常に刷新や改革が叫ばれ、それは時に復古の呼びかけでもあった。近世に至り激しい逸脱として批判の対象になったのは、一つにはいわゆる神秘主義の流れであった。さまざまな慣行や儀礼といった表面的な事柄だけではなく、もっと内面的に簡潔で直截的なイスラームの教えに、アッラーとの合一や現世否定もしくは軽視といった、あらゆる変更と尾ひれが神秘主義によって加えられたのであった。さらには時間の経過とともに一般的な意味の信仰熱や士気の低下も避けがたく、中興の祖が現れ復興が呼びかけられることは、イスラームに限らないので理解は容易であろう。

そのようなイスラームの刷新と復興の呼びかけは、一八世紀以来、インドやアラビア半島といったイスタンブールの政治権力から離れたところでまず開始されていた。しかし一九世紀も後半に入ると、イスラーム復興の運動は西欧植民地主義との戦いという新たな様相の下においてより活発化することとなった。その運動は政治的であり、場合によっては軍事的でさえあり、広くは文明的でもあった。同時にそれは、信仰いかんという内面の問いかけとしても表明されざるをえなかった。西欧文明のもたらす物質的豊かさと魅力が信徒をたぶらかし、科学が信心をぐらつかせる挑戦として受け止められたからである。

こうして近現代におけるイスラームの悩みと戦いが始められたといえよう。それは外的要因であると同時に、内在的な問題でもあったことは明らかである。以上が本書で設定している「イスラーム現代思想」のおおよその範囲であり、性格づけである。本書が直接扱うのは二〇世紀全体である。すでに二一世紀を迎え、植民地主義の縛りからは脱し、また信仰の体系としてのイスラームの強靭さも十分証明されてからであるので、そのような時代区分は是認されるであろう。

では本書のタイトルにある「現代思想」が「継承と発展」を示すということは、何を指そうとしているのであろうか。この二〇世紀という長い年月を通じて、イスラームが現代社会との取り組みとして示した思想的対応が、どのように「継承」され「発展」してきたかという問題設定である。思想も人の営みの産物であり、制度や社会慣習と同様に、そのような課題を取り上げるのは自然と考えられる。しかし実際は、時の移り変わりを考慮に入れなければならない思想の系譜という縦線よりは、同時代人との比較対象という横線で検討し議論することのほうが、よく見られるパターンかもしれない。実際の全体像は両者を包含するかたちで捉えられるとしても、人の目にはっきりとした映像を提示するためには、縦か横かのいずれかの断面で切り込みを入れることとなるのである。

本書ではイスラーム現代思想の「継承と発展」について、アフマド・アミーン（一八八六―一九五四）という二〇世紀前半の卓抜したエジプトの思想家と、その息子であるフサイン・アミーン（一九三二―）という現代思想家の一世紀間にわたる縦の関係を中心にして検証してみたい。これら両者の思想は、どのように継承され、そしてどの程度時代背景を反映したものであり、したがって両者の思想内容はどのような意味で時代の移り変わりを代表しているものと考えられるのであろうか。またこの父子の関係を詳細に見ることで、一般的な意味の「継承と発展」を見るだけではなく、親子という家族関係のあり方にも光を当ててみたい。中東アラブにおける家族関係の重い意味についても、認識を新たにすることが期待できるからである。

加えて本書には、「エジプトの自由主義」という副題が付けられている。本書ではアミーン父子の思想関係を中心としながらも、その横の広がりとしてエジプト国内、さらには国際的な自由主義の高まりについても筆を伸ばしている。そうすることで、本来的にイスラームの本流である自由主義について、可能な限り広い視野と理解を得たいという願望からである。しかし過激派や原理主義なら言葉としてなじみがあったとしても、「自由主義」とは何か？　そのようなものがイスラームにあるのか？　ここまで来ると相当内容に立ち入ることになるので、次に節を改めて述べることにする。

ひるがえって二〇世紀の検証が、どの程度これからの二一世紀の成り行きに示唆を与えるのであろうか？　これはもちろん将来の予測であり、誰もはっきりとは知りえない。もちろんそれも今までの系譜の延長、ないしはその適切な修正版としてなら、ある程度はその姿を垣間見ることができるのかもしれない。ただし正確には、そのような未来学は本書の範囲を越えることであり、むしろ本書を読まれた読者諸氏の慧眼を待つこととしたい。

イスラームの自由主義について

父アフマド・アミーンは、二〇世紀前半におけるエジプトの代表的なイスラーム思想家の一人であり、息子フサイン・アミーンは同世紀後半において、父親とほぼ同様な諸分野において、やはり活発な思想・著作活動を展開してきた。彼らについて注目されるのは、両者ともいわゆるイスラーム自由主義の旗手と見なされているということである。

二〇世紀前半において、イスラーム自由主義は西洋文明摂取の促進役を果たし、後半期においては主として過激派に対抗する役割を担ってきた。両者の明らかな共通点としては、イスラームの諸制度や法を解釈するにあたって、歴史的な視点を強調して柔軟に考え、対処するということである。つまり過去には過去の価値観があり、杓子定規な現代への適用には無理があり、したがって新時代においては新たな解釈をすることが、そもそもイスラームの中で許され求められているというのが基本姿勢である。(1)

自由主義は中東の政治的な思潮を語るときに、民主主義、民族主義、世俗主義などとともに主要な課題の一つである。ところがそれは非常に無定形で、定義しにくい難物でもある。ヨーロッパの伝統的な理解では、国家権力の制限、個人主義と私有財産の保護などが主な柱として扱われる。さらに基本的人権の擁護、議会民主制なども含む、広範な内容として扱われる場合もある。

他方で、中東においては政治的社会的な歴史上の経験が西欧とは全く異なることは言うまでもない。そこで中東固有の定義を求める見地が成り立つことになる。それは西欧のものと似て非なるものであって、立憲主義や議会・政党制を推進しつつも、同時に多分に宗教多元主義であり、イスラーム法・シャリーアの新解釈を認める立場、ということになるのである。西欧の思潮をそのまま中東に適用しようとする一部の人たちを除けば、現在では中東はもとより欧米の識者たちも大半は、この中東版自由主義のカテゴリーで動向を捉えるのが主流となっている。

今一度、中東版自由主義を確認しておこう。それは程度の差はあるとしても、西洋文明の良い点は受け入れ、固陋で過激なイスラーム信仰は拒否する。ただそこまでであれば大半のムスリムは自由主義であるということになるが、明示的に自由主義者と言うためには、やはりそのような方向性を鮮明に打ち出す人たちに限定し、グループ化する必要があろう。

そこで彼らに共通する主張点をもう少し見てみよう。イスラームに関して基軸は不動であるとしても、現実への対応としては創造的な考えを持つことを許容するという点で一致している。さらに、個人主義、国家に対する市民社会の意義、国家権力の制限、自然法、基本的人権、私有財産など、西洋において流布している諸価値も同様に受け入れるのが通常である。さらに言えば、工業化、都市化、技術革新、大衆社会、民族国家など近代社会の指標となる諸点とも協調関係を保つ立場である。

このように見てくると、日本の過去の経験を辿る気持ちにさえなるのは不思議ではない。中東の近代の目覚めと日本のそれが、それだけ酷似していたということである。

この自由主義は、とくに三〇年代のファシズムに対抗する動きをエジプトにおいて盛んに示したこともあった。しかしそれも第二次大戦後の政治的社会的大混乱を収めんとした一九五二年のナセル革命によって終息し、時代は一気に一党独裁制に移行してしまった。つまり彼の革命の成功によって、エジプト、あるいは中東アラブにおける自由主義は瓦解したと見られるに至ったのであった。しかし一九七〇年、ナセルの死によりサダト大統領となり、彼は前政権の残滓であるナセル主義者一掃の一環として、イスラーム活動家の活力を利用しようとした。結局それが過激化して、自らの暗殺を招く結果となったのであった。そして、いや増す過激派の動静が、しばらく沈黙を保っていた自由主義者たちを春眠から目覚めさせることとなったのであった。

こうして二〇世紀最後の四半期に至り、第二の自由主義者活躍の時が訪れることとなった。その戦列に名を連ねる人々の数は、後でも見るように相当なものである。中には一九九二年、はばかることなく自由主義的言動を展開していたファラジュ・フーダが、自宅前で過激派の凶弾に倒れるような事件も起こった。あるいは、クルアーンの解釈を文学的比喩表現と捉えてカイロ大学の博士論文をまとめ、一九九六年に最高裁判所からイスラーム破門の判決を受けて海外逃亡を余儀なくされた、ナスル・ハミード・アブー・ザイドのような事案も起こった。

しかし概して自由主義者はその名のごとく自由な振る舞いで通しており、過激派に比べれば組織化が進まず、したがって統一的な指導者も存在しない弱みがあることが指摘される。それと多分に、過激派の暴力行為の前に鳴りを潜めることとなった事例もいくつかある。また同時に、欧米文化自身の退廃——政治的腐敗、経済困難、麻薬、性犯罪、多発する自殺など——も、自由主義の勢いに水を差すものである。これはちょうど、三〇年代における世界大恐慌や軍国主義の台頭などの暗い現象が、エジプトの政治的潮流に混迷を増したのと瓜二つである。

こうした浮き沈みを見せてきたエジプトの自由主義ではあるが、その強靭さは看過できない。

それはイスラーム傾斜の勢いの浮沈と強靭さにも似ている。あるいはそれら二つはおそらく、表裏一体の流れであると見るべきなのであろう。言い換えれば、自由主義は決して非イスラーム、ましてや反イスラームではないのは当然である。それどころか時には、過激派に比較してもさらにイスラーム的たろうとしているのだ、との自由主義者たちの主張も聞かれるほどである。イスラームが新時代の挑戦に向かってどう振る舞うべきかを問わない人は、ほとんど真剣なムスリムではありえない。とすれば、それに硬軟両派が並び立つこととなるのは、宗教や信条は異なっていても、歴史を通じて世界中広く見られてきた現象でもある。エジプトにおける自由主義はいわばナイル川の流れのように、外見上は激しい動きは見せない時にも、いつも変わらず滔々とその流れを止めるものではないと言えよう。

もしこのように世界に広く見られる現象としてイスラームの自由主義を見るならば、ひるがえってそれは日本においても見受けられるのであろうか？　これは本書の範囲を越える問題であるが、われわれの身近な課題であるので、少し言及しておこう。

イスラームは日本ではまだまだ新しい宗教であるから、それほど本格的な議論や論争が巻き起こされたわけではない。しかし世界は狭くなってきている。インターネットで交信し、思想は情報としてほとんど瞬時に世界を駆け巡っている。アラビア語は二八文字で英語と同じ文字数であることは、キーボード作業を中心とするコンピューターの活用を極めて容易にしてきている。イスラーム過激派サイトの充実も、他の多くの派閥や宗教のそれと同様である。

これらが日本に直接・間接に及ぼしている影響は、今後ますます増大するであろう。そしてすでに政治的にはハリーファ独裁制の復活、ディルハム通貨の復活による金本位制への復帰、ヴェール着用の義務化などの議論を日本でも行う人々が出始めているのである。これらを硬軟の硬派であるとするならば、それは組織化しやすく、その主張も直截でわかりやすいので若者にも人気が出やすいというパターンを取ることになる。事実そのような兆候が見受けられる。これに対して、軟らかい側の組織化は少なく、主張の鮮明さや迫力に欠けている。それを支持し応援しようとする人たちには、熟慮と学習も必要になるのである。

イスラーム過激派の見解の多くは右に見たようにより容易で短絡的であったとしても、自由主義のそれは全くそのような手軽さを伴っていないのである。学習しても人によって主張する内容は異なるし、その強弱もさまざまである。もちろんそのような他人の説に頼る必要もないが、すべてを自前で準備するのはさらに大変である。

まだ日本では、それほどの自由主義者が育っていないのが実情である。この自由主義が日本でも根を張り成育し、将来イスラームの良きバランサーとしての役割を果たすことはできるのであろうか？　またさらに広く言えば、日本の蘇りつつある精神界の新鮮な立役者の一人としても、日本版自由主義者たちは少なからぬ貢献を果たせるのであろうか？　これらは疑問であり、期待でもある。

本書の手法について

本章の最後に触れたいのは、アラブ・イスラームの現代思想研究における新たな手法の問題である。それは主として、一九八〇年代より効果を発揮することとなったものである。

従来は思想研究という時、とくに二〇世紀前半の思想に関する主たる素材は、欧米語であるか、よくして原語であるアラビア語の出版物、中でも書籍が中心であった。それは入手しやすさからも当然のことであったし、欧米の思想家研究も同様なアプローチで取り組まれていた。そこには何も秘密も不思議もないということであろう。ところが当時のアラブ思想の表明の仕方を考慮すると、それでは十全ではなかった。なぜならば、しばしば彼らは書籍というまとまったかたちで、体系的にイデアの世界を陳述することを必ずしも慣わしとしていなかったからである。

そこで活躍していたのは、雑誌や新聞の短めの論考という形式である。むしろ論考のほうが読みやすく地方へも進出しやすいので、全国的に広く知られて急速に評判となるのは論考であるというケースも多かった。そのほうが発表するのに、迅速でタイミングを失しないというメリットもあった。

論考は発表後しばらくして書籍としてまとめられるかといえば、必ずしもそのような慣行は見られなかった。いずれにしても論考という形式ゆえに、発表後しばらくすると、その入手やまとまった閲覧が容易でなかったのが、研究者の落とし穴となっていた。その壁を破るかたちで、新しい研究の実績が切り開かれたのであった。それはさまざまな方面から試みられたが、当初の大きな貢献はエジプトとイスラエルの国交が結ばれて、カイロのイスラエル大使館の体制が充実した一九八〇年代以降であった。

緻密な資料収集と地を這うような綿密な検討で、古典研究から現代研究まで中東域内の研究水準としては群を抜いているのがイスラエルの研究である。このような中、七〇年代および八〇年代に、著者はカイロに滞在していたことになる。偶然であり、当時はイスラエルの研究者とはほとんど直接の接触はなかったが、結果としてほぼ同様な手法を著者も取ることとなったのは幸せであった。なんといっても、それまでの諸研究の主要対象たる書籍では、いわば氷山の一角のみを調べることになっていたのだが、大半を占める海面下の巨大な氷の塊から調べなおし、検討しつくすことができるようになったからだ。それは従来には見られなかった全体像であり、その意味で正しい像を再現することを可能にしてくれたのであった。

そこでこの論考を中心とした、アフマド・アミーン関連の資料を一望しておくこととする。同時に、アフマドを批判しあるいは支持する周囲の仲間や評論家たちも同様に、雑誌論文、論考をものしたのであった。

アフマドが著した論考の数は、ほぼ七〇〇本に上る。そのうち約九％を占める六〇本は、文明や政治論である。また一〇〇本は文学論、残る四〇〇本がイスラーム論になっている。実際のところは、各論考はテーマによって峻別されているわけではないので、論及されるテーマが一つの論文に複数ある場合も少なくないが、以上の分類は主要テーマに従って整理したものである。ちなみに彼が著した書籍の数は約五〇冊に上っているが、その中には数巻に及ぶ大作がいくつも含まれている。またその多くはイスラーム史、アラブ文学論、アラブ古典の校訂本であり、中には倫理学や文明論も入っている。

他方で彼の評価にたずさわった人々が、一九二〇年代から五〇年代までに著した論考は、ほぼ三五〇本に上る。そのうち一七五本はイスラーム論で、一二五本は文学論、残りが政治、社

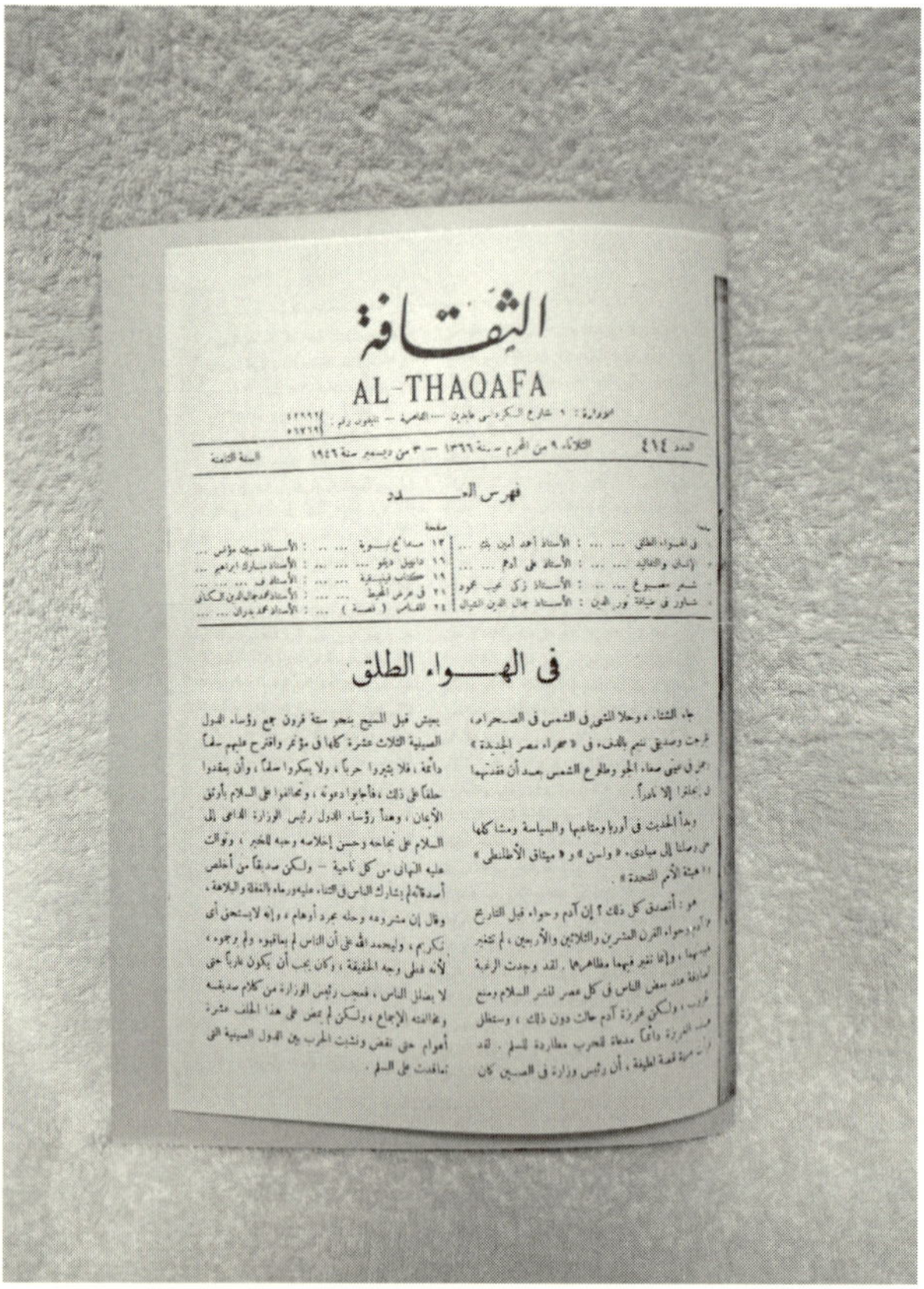

写真１　雑誌「アッサカーファ（文化）」に掲載された論考の一例

会、文明論となっている。

著者は幸いこれら合計一〇〇〇本の論考のほとんどすべてを入手し、直接のアクセスを確保することが可能となった。少なくとも本分野に関してはイスラエルの研究水準に見劣りしない基盤ができたのであった。これらの論考をアミーンの主要書籍と合わせ読むことにより、その思想の軌跡をより正確に辿ることができるのである。また彼を評論する論考もさらに読み合わせ、複合的で立体的な諸関係を再構築し、総合的に実態を解明することが、当然の課題として眼前に浮かび上がってきたのであった。

その成果については後でも随時紹介することとなるが、ここでは参考としてその明確な例を多少挙げておこう。それはまず宗教の分野である。アミーンが数年にわたり断食月にラジオの定期講座において常に論じたのは、現代社会における信仰の意義とその強化というテーマであった。これは講話記録の小論文として、彼自身が運営、編集する雑誌「アッサカーファ（文化）」に掲載されていった。それらは意外な印象を今読む人に与える。というのは、エジプトのような社会でも宗教離れの現象が少なくなかったことを反映しているからである。信仰心への懐疑が広く持たれてきていたのであった。このないわば市民レベルの議論は、イスラーム史編纂で高名となった彼のいずれの書籍にも出てこないのである。

今一つの例は、これも後ほど詳しく述べるが、当時の政治状況の中で最も彼が懸念したのは、エジプト社会が政治的にいかにも未熟であるということであった。民主主義を強く信奉しつつも、その基礎たるべき国民の約九五％が文盲であり、真の政治的覚醒には程遠いと嘆かざるをえなかった。そこで政治的な啓蒙活動をしきりに行うこととなった。その記録が論考という形のみで残されているのである。この方面については、書籍の形での執筆は全くない。思えば、本を書いても誰が読んで啓発されるのであろうか？　肝心の読者となるべき一般国民は文字が読めないのだから。

そこで広く講演して回り、あるいは市民大学を設立することなどに東奔西走するのであった。このような活動内容についてその記録としての論考を通して知ることで、初めて彼の全般的評価も可能になるのである。

注（1）　場合によっては中道派と呼ばれることもあることについては、後述のとおり。それは自然と穏健派でもあるし、中庸を行くというイスラームの倫理観に訴える面もある。

第2章　アフマド・アミーンとその時代

アフマド・アミーンは、活発な著作活動により、アラブ・イスラームの文化、社会に関し近代史学に裏打ちされた見方を確立し、エジプト、アラブの社会と文化を改革するため、イスラームの内部より問題提起をした一大碩学であった。

この章ではまず、彼が生きた二〇世紀前半のエジプトおよび中東アラブ世界という時代を見直しておきたい。それ抜きにしては彼の思想を理解することはありえないからである。そのうえで、彼の生涯と思想活動も紹介する。

次いでは、その時代における二つの大きな動向について視野を広げたい。一つは、当時のいわゆる「文化復興」運動である。このエジプト版のルネサンスと称されている事象は時代進展の華であったが、極めて短期間に終息した。同時に自由主義の勢いも失速してしまったのが、二つ目の動向である。その直後の第二次大戦後の混乱は、エジプトをナセル革命の時代へと導いていったのであった。

写真２　講演中のアフマド、1940年代

生涯と活動

1　時代背景

アフマドの生きた時代は、イギリスの植民地支配、次いで形式的な独立からの脱却、そして第二次大戦の混沌とナセル革命へと繋がる疾風怒濤の時代であった。それは日本の日露戦争の勝利から太平洋戦争の敗戦までに相当するが、およそ風雲急を告げる感覚は、彼我相通じるものがあると言えよう。

イスラーム文化圏では、迫り来る西欧の圧迫に対抗すべくさまざまな取り組みが展開された。オスマーン・トルコでは一九世紀を通じて法制度改革、軍制改革などが進められていた。それらはイスラーム諸国に初めて実定法を導入し、また軍事力も巨大な投資により決して欧州勢に引けを取らないだけの実力を備えるに至ったのであった。その形勢が不利となったのは、ほとんど一九世紀末になってからであった。その当時、大量生産時代に欧州が突入したのに対し、オスマーン朝では軍事力強化は完成品の輸入と技術指導者の外人雇用に頼るシステムから脱皮できなかったのであった。そして第一次大戦の敗戦は、アラブ地域の離反を招き、現在見るように小アジアにその版図が限定される結果となった。

エジプトにおいても、やはり一九世紀を通じて政治的覚醒と文化的復興を訴える運動は声高に叫ばれていた。リファーア・ラーフィウ・アッタハターウィー（一八〇一－七三）は欧州経験も踏まえて、エジプト愛国主義とも呼べるような自律と奮起を促していた。それは世紀末の民族運動家・思想家ムスタファー・カーミル（一八七四－一九〇八）の熱烈なエジプト独立運動へと繋がっていった。そのような運動は、一八八二年のオラービー大佐のアレキサンドリアにおける反英抵抗運動と連動し、また一九〇六年のデンシャワイ村での英兵士による農民殺害が大規模な全国的蜂起に広がったデンシャワイ事件へと繋がった。さらには第一次大戦後、一九一九年には都市部を中心としたサボタージュなど反英暴動が燎原の火のごとくに広がったのであった。

この間、イスラーム諸国の奮起を促してやまなかったのは、ジャマール・アッディーン・アルアフガーニー（一八三八－九七）であった。彼が本当はイランのアサダーバード出身でありアフガニスタン人でないことは今では周知となっている。演説家、煽動家としてのエネルギーは、日本ではそれに匹敵する例が容易に見出せないほどである。その活動範囲は中東各地からヨーロッパにまたがり、熾烈な論調はイラン、トルコ、シリア、そしてエジプトでも大反響を呼んだ。その熱心な弟子の一人が、近代イスラームに合理性を持ち込むことによりイスラームの蘇生を図らんとした、ムハンマド・アブドゥフ（一八四九－一九〇五）であった。

かくしてようやくイギリスが一方的にエジプトに独立を付与したのは、一九二二年になってからであった。しかしそれは、国防権、外国人の権益擁護権、イギリスのスエズ運河通行権およびスーダン統治をめぐる権利をイギリス側に留保するというものであり、英帝国側から見て主要な権限はすべてイギリスに止め置くという内容であった。直接統治はイギリスの負担を過大に増すものであり、世界的にも植民地支配を間接支配に切り替えるという、大戦後のイギリス本国の植民地政策の転換にもとづくものであった。

そこでそれ以降のエジプトの努力の方向は、完全独立を目指すということになり、それは一九三六年のイギリスとの条約締結により、ほぼ達成されることとなった。しかしそれでもイギリスはスエズ運河地帯の管理権を手放さず、それは結局、ナセルによる一九五六年の同運河国営化とそれに対する英仏によるスエズ戦争まで、問題が引きずられることとなった。一方スーダンの独立をエジプトも認めざるをえなくなった。

この期間を通じて社会経済的には大土地所有制は変わらず、イギリスとの交渉に名を馳せた独立運動の英雄サアド・ザグルール（一八五七－一九二七）も社会改革を目指すものではなかった。最大の土地所有者は国王に他ならなかった。他の多くの国におけると同様に、大土地所有制は社会の資財の不均衡配分ばかりではなく、それは教育、文化の不平等にも繋がり、政治意識の屈折を起こす原因ともなっていた。議会はあっても結局国家レベルの議論よりは、はるかに目先の事態に終始して、政党間の利益配分や国王権力に媚を売る場として機能するのみであった。また社会福祉政策は皆無であった。

主要輸出製品として綿花という単一の農産品に頼る体制は、世界市場における綿花価格の浮き沈みに、国全体が完全に左右されることを余儀なくさせられた。これもモノカルチャーの経済体制に世界的に見られる現象であり、珍しいものではない。一九世紀、南北戦争がアメリカで起こったことはエジプト綿花への需要を高め、それは当時のエジプトの支配者イスマーイールの治世を突然豊かなものにした。そして日本の鹿鳴館時代に似たような様相となり、ヨーロッパ文化輸入最盛期を現出させたこともあった。しかしその逆は、三〇年代世界大恐慌下の、エジプト経済凋落の経験であった。繊維・織物業や鉄鋼業など工業化の試みも進められたが、いずれも国富の柱としての重責を担うほどに根づくには至らなかった。

以上のような社会の変貌と混乱の中いっそうの動揺を招いたのは、文化面での動揺であった。それは国の顔が定まらないということであり、今で言えばアイデンティティ・クライシスといった用語の当てはまる状況であった。四世紀の長きにわたりオスマーン朝の支配下にあり、イスラーム国家として何の矛盾も感じないどころかその一部であることに誇りを持っていたことは、広大なオスマーン帝国のどの地域をとっても大同小異であった。それだけ同帝国による支配は広い支持を集め、安定したものでもあった。それが第一次大戦という短期決戦を経ることにより、いきなりオスマーン市民ではなくアラブであるという新たな現実と直面することになったのだ。誰しも自分が何者なのか、戸惑う気持ちを抱いたことは察するに難くない。そしてアラブ各地域を通じて同様に見られた現象は、一方にエジプトあるいはシリアといった一国あるいは一地域主義が成立すると同時に、他方ではアラブ、さらには汎イスラーム主義といった広域なアイデンティティを主張する動きがあったことである。

エジプトでは当初はファラオ主義として、エジプト独自の顔が前面に打ち出された。ただしそのエジプト独自主義も、三〇年代に入ると国内における新世代の知識層の成育により、時の思潮はよりアラブ・イスラーム傾斜が強いものへと移行していった。この新世代は伝統的なアラブ・イスラーム文化に浴していた農村出身者が大半であり、このような思潮の転換の大きな要因となった。時折しも、パレスチナのユダヤ人進出に対する蜂起もあり、またエジプトとしてもアラブとの連携が経済面でも有利であることに気づきはじめたこともあった。

このように移り行くアイデンティティの模索に加えて、エジプトは多くの脱イスラーム現象にも対応を迫られたのであった。婦人の解放、進化論による神の創造否定、新生トルコによるハリーファ制の廃止とあるべき政治制度の模索、イスラームの伝統の牙城であったアズハルの合理化と改革、さらには社会主義の呼びかけも国内に影響しはじめてきた。それらは一言で、世俗主義の闖入《ちんにゅう》とも呼びうるものである。西欧の圧倒的優位を認め、逆にイスラーム側の遅れを取り戻す至上命題が明白である以上、それら西側から迫り来る世俗主義的兆候を非イスラームあるいは反イスラームであるとして、一笑に付すわけにはゆかなかったのである。何をどうやってよいのか、イスラームの長い悩みの始まりでもあった。

迷いが一時に頂点に達し、それが怒りに転じたのは、一九四八年のイスラエルとの第一次中東戦争におけるアラブ側の敗北であった。西向きの顔はもうたくさんだとして、それからの脱却が急務と思われることとなったのだ。それはやるせない不満の爆発である都市部の大暴動となり、その収拾に手間取る体制側を尻目に、一気に政権奪取に成功したのがナセル他若手中心の自由将校団であった。それ以降、採択される諸政策について是非善悪の議論はあるとしても、彼らが憂国の士であったことは間違いない。彼らは、目立った腐敗や家族中心の私利私欲にのみ走ったイラン・パフラヴィー朝のシャーやイラクのサッダーム・フサインなどとは異なった体質を持った集団であったことは、特記しておきたい。

写真３　アラブ連盟文化局長のアフマド、1947 年

以上多少早足に、エジプトの二〇世紀前半、疾風怒濤の時代状況を展望した。政治、経済、社会文化の主要動向は把握できたと思われる。それらがアフマドを取り巻くとともに、彼個人にとっても克服すべき課題として浮かび上がったのであった。

２　生　涯

アフマドの生涯で最も注目される側面は、幼少よりイスラームの極めて伝統的な学習と修練の過程を経つつも、彼の知的生産が開始される頃にはそれを抜け出し、西欧文明にも積極的に向かい合う自由主義的な見地を取り、その後には彼自身が時の自由主義思想家として名を馳せる星の一つとなったということである。

そのような展開を可能にしたのは、第一にはアズハルを卒業後、むしろそのアズハルと対抗して西欧諸学も取り入れた新設のシャリーア法学院に学んだということがあった。そこで徹底的に理性重視の物の考え方と進歩の概念を含む人生観を身に付けたのであった。彼は一般にはイスラームで受け入れられないダーウィンの進化論の発想を、文学や社会・倫理の世界でも、しきりに援用するのであった。第二には、やはり世相の移り変わりがそのような方向にあったということ、とくに新設間もないエジプト市民大学に多数招かれたヨーロッパ人学者たちの新しいイスラーム・アラブ観が、アフマドを含めてカイロ全市に波及し鳴り響いていたという状況があった。(1)

さらにアフマドの生涯をめぐって興味を持って語りうる側面は、何と言っても当時の居並ぶ文豪や文人の一人として典型的な人生を過ごしたのであり、そこからは当時のエジプト社会の熱気や、場合によっては臭気さえも窺い知ることができるのである。それは発展への大望を抱いた夢多き時代であり、今でもその雰囲気と潮流に郷愁を覚える向きは少なくないのである。しかしここでは紙面の都合もあり、この文人生活の雰囲気ではなく、前者の西欧文明吸収の側面に集中して筆を進めることにしたい。

一応彼の生涯を三段階に分けて見てみる。第一段階は、彼が二〇歳になる一九〇六年頃までで、その父親イブラーヒーム・アッタッバーフは近くのアズハルで随時教師をしていたこともあり、しきりに伝統的なアラブ・イスラーム諸学を息子であるアフマドに叩き込んだ。古典を中心とした蔵書が多くあり、家は図書館のようであったという。五歳からクルアーン学校に通いはじめた。その後小学校は非宗教的で西欧式の教育を授けるところへ行ったということは、父親イブラーヒームに息子の行く末に大いに迷いがあったことを示す。これが時代の流れであろう。そして一四歳になると、今度はアズハルに入学させて、それからは中世以来の教科書と教授法に従うこととなった。クルアーン、預言者伝承、アラビア語文法学、文学などを含む古来の学科を修めて、非能率的な学習課程に不満を持ちつつもアフマドは無事、卒業の運びとなった。

彼の転機は一九〇七年、新設のシャリーア法学院に入学した時に訪れた。同法学院を一九一一年に卒業し、二一年まで教鞭をとることとなった。その間、しきりにヨーロッパ帰りの留学生や若者と交流し、英語も学び欧米文献に親しむことも可能になった。また同法学院ではイスラーム法学にしても、アズハル流だけではなしに論理的に再整理し、近代法学との橋渡しが可能になるようにして授業された。

同法学院の校長は独立の志士サアド・ザグルールの血縁者でアーティフ・バラカートという

人物であったが、倫理学者でありその高潔な人格はアフマドに大いに影響を与えた。またとくに理性重視の態度の影響は決定的であったことを、アフマド自身が認めている。一九〇八年には、エジプト大学の前身であるエジプト市民大学が開設された。そこには幾多のヨーロッパ人学者が招聘されたが、アフマドはそれを多数聴講して、当時の東洋学者たちの学問的手法に感心し、次々に提示される新たな見方に感銘を受けたのであった。

第三の段階は、一九二六年、エジプト大学文学部アラブ文学講師として迎え入れられて始まる。それまでは裁判官職にあったが、大学へ移り大いに研究と執筆の時間とエネルギーの余裕を見出すことができた。そして一九二八年、実質上彼の処女作である『イスラームの暁』が出版された。詳細は後述するが、それはイスラーム史を近代史学の実証的手法で扱い、イスラームも多くの文化事象と同様、周囲の諸宗教や文化に影響された産物であるとして位置づけたのであった。これはいわばイスラームはすべて自力で誕生した無辜の存在であるとしてしか見なかった従来の立場からすれば、一八〇度のコペルニクス的転回であった。またそれは当時、アラブ・イスラームの伝統的見地に挑戦し、従来説を覆す諸説が相次いで出される時代の流れに即したものであり、それはエジプト・ルネサンスの重要な一翼を担ったのであった。こうしてアフマドは時代の寵児の一人となったが、それからは次々と時代を画す著作をものし、さらにエジプト大学文学部長、アラブ連盟文化局長などを歴任し、国王の表彰も受ける名誉に浴したのであった。

最後に、アフマドの人格についても一瞥しておく必要がある。それは接する人を直ちに感化するほどに鮮烈であった。正直で誠実であることなど、人格形成が何にも増して重要であり、それが人間として人の信用を得るという一番の幸せをもたらすことは、その息子フサインに口をすっぱくして説いている。生活ぶりは質素で、家具は結婚以来一生変えなかったという。

その性格の中でも際立っているのは、自分が傷つくまでに信念に忠実であったという点であろう。エジプト大学への途は、当時の文学部長で文豪として知られたターハ・フサインの取り計らいで開かれた。しかし就任直後より、学部運営のあり方について彼との仲違いが始まり、それは結局晩年、アフマドが病床に就くまで続いた。このような信念の固さは、理性と公正さの重視に加えて、目前の利益などのために自説を表面的にも曲げることは潔しとしないという強い倫理観にも支えられていたようだ。アフマドは見舞いに来る人であれば、農民も時の首相も一緒に面会したという。この諂《へつら》いを知らぬ剛直とさえ思える性分はあらゆる意味で実践家には不向きで、公正さと客観性を重んずる、より学究的な人のものであると、アフマド自身が自伝に記している。

3 活動

次には、執筆活動を中心にアフマドの活躍ぶりを展望しておきたい。もちろんその活動内容が、どのように彼の思想に関係し、あるいは余波を及ぼしたかという視点からの関心である。

イスラーム歴史叙述から着手した彼の活動ではあったが、最終的には非常に間口の広いものへと展開された。ただしどのようなテーマであれ、彼は一貫して非常に強い社会的関心を払っていた。例えばアラビア語改革の問題は社会改革の一方途として位置づけ、文学についても社会の向上に資すべしとの観点から批判、評価したのであった。この社会的関心の底流には、同世代の多くの知識人と同様に、西欧との比較においてエジプト、イスラーム社会の弱体化と遅れをいかにして取り戻すかという問題意識があった。この点、東洋と西洋を結ぶものがなくてはならないとして、アフマドは「失われた輪」という用語を使うが、これが諸問題を観察、分析する際の彼の一つの重要な視座となっていたと言えよう。

アフマドの著作の全貌を知るためには、総合カタログが出版されているので、アラビア語ではあるがそれが一番良いガイドになる。ハムディー・アッサクートゥ、マースデン・ジョーンズ編集『文献目録―エジプトにおける現代文学者シリーズ　第四巻アフマド・アミーン編』カイロ、一九八一年、がそれである。それによると、アフマドの著述は、著書一八冊、校訂本九

写真4　アフマド著『自伝』1950 年

冊、共著一八冊（うち一二冊は学校教科書用）、翻訳書二冊、編書二冊、巻頭言執筆九冊、詩作一篇、論考六六七篇、会見録七篇となっている。

アフマドの第一の主要著作は、一連のイスラーム社会文化史である。『イスラームの暁』（一九二八年、ウマイヤ朝末期までを扱う）、『イスラームの午前』（一九三三―三六年、全三巻、アッバース朝最初の一世紀を扱う）、『イスラームの正午』（一九四五―五五年、全四巻、イスラーム暦四世紀末までを扱う）、『イスラームの一日』（一九五二年、イスラームの没落と西欧の台頭）である。

これはムスリムの手になるイスラーム史叙述では、近代史学の学問的批判に堪えうるものとして初めてのものであった。エジプト大学に派遣されたヨーロッパ人東洋学者の講義を聞き、多数の彼らの文献から学んだ成果であった。イスラームはペルシアやインド文化、ギリシア哲学などにどのように影響を受けたかについて、実証的に論及した。また同様の手法により、イスラーム諸国の分裂を史的事実として受け入れ、伝統的な統一的イスラーム統治組織概念であるウンマに固執することはなかった。さらにハリーファ制は宗教上の制度であるというのは、歴史的に見て政治的煽動の結果にすぎないとした。

こういった見方に対して、イスラームの内部からはスンナ派、シーア派を問わず反論が沸々と湧き上がったことは言うまでもない。しかし賛否いずれにしても、アフマドの堅実な手法はすべてのアラブ・イスラーム学者の無視できない共有財産となったのであった。『イスラームの午前』ではイスラームの分派論を展開したが、これについても従来は各分派の立場を並列的に叙述するか、あるいは敵対する分派を論破するのに汲々としていたにすぎなかったのを改め、批判と評価を含む客観的アプローチを試みた。その結果、例えばそれまでは異端とされていたムウタジラ派の思想を極めて重視した。なお『イスラームの一日』だけは、それ以外のイスラーム史研究と性格を異にしており、彼の晩年に至っての、イスラーム史と文明全体に対する回顧と展望になっている。一巻の中に、相当赤裸々な西欧文明批判が目一杯提示されているのである。したがってこれは、欧米の研究者から見て、ひどい偏見に満ちた一方的非難の書であるとして扱われることとなったのであった。この顚末については、第5章「文明論」において詳しく述べることとする。

次いで、『溢れる随想』（一九三八―五六年、全一〇巻）と題されるエッセー集である。これは彼が二〇年近くにわたり書き綴った論考や講義録の三八〇篇をまとめたものである。しかしいずれも発表年代や掲載された雑誌名が記載されていないので、先の『文献目録』に戻って検索する必要がある。ただしその『文献目録』に出ていないものもあるので、実際はなかなか出典を明らかにしつつ読破し検討するのは手こずるのである。『溢れる随想』で取り扱われている分野は倫理、教育、歴史、文学など多方面であるが、現実の政治、経済問題や、あるいは社会に生起している具体的な宗教問題は扱われていない。またムスリム知識人の思索の宝庫ともいえるが、「随想」であり体系的な陳述ではない。

この『溢れる随想』は彼の論考の半分以上を占めるが、なおそれに掲載されていないものが三二〇篇ほどある。最終的にはそれら論考記事の現物を見て確かめる必要も出てくる。本書執筆にあたっては、合計七〇〇篇のアフマド筆の論考のほぼ全体を収集し参照することができた。そしてその思索の主要内容として、以下に見るようにイスラーム論、文明論、政治論の三分野にまとめた次第である。ただし文学論や人生論も盛んではあったが、息子フサインは同分野で

写真５　アフマド著『倫理学』1920 年、初版本

は論陣を張らなかったので、本書においては比較する対象にはならないということである。

右以外の単行本で注目されるものとしては、『倫理学』（一九二〇年）や『文学評論』（一九五二年）などがある。前者では、政治的諸権利を前面に押し出して論じており、従来の義務重視とは一変した様相を示した。後者はエジプト大学での講義集であるが、文学批判に社会的貢献という側面を強調したことが注目される。これは当時、「芸術のための芸術」論を盛んに唱えていた人々への反論の意味があった。『東洋と西洋』（一九五五年）では、新しい文明は人間的であることが要件であるとして、精神文化を強調した。これは以下の第５章「文明論」で全面的に取り上げることとなる。

一九三九年から五三年までアフマドは、雑誌「アッサカーファ（文化）」の編集長を務めた。これは隔週の発刊であったが、彼自身の論考の非常に多くはそこに掲載された。この雑誌は自由主義思想の一つの檜舞台ともなり、常連の人たちには、すでに幾度か言及した文豪ターハ・フサイン（一八八九－一九七八）や、一九八八年、アラブでは初のノーベル文学賞を獲得したナジーブ・マハフーズ（一九一一－二〇〇六）なども含まれていた。

最後にアフマドが行った、アラブ古典の校訂作業に触れておきたい。それには幾多のアラブ文学の母と称されるものが含まれており、以降のアラブ学の基礎を築いたのであった。アブー・タムマーム（八四三／八四五年没）『熱血詩選集』（一九五一－五三年）、イブン・アブド・ラッビヒ（九四〇年没）『貴重な首飾り』（一九四〇－五三年）や、アブー・ハイヤーン・アッタウヒーディー（一〇〇〇年没）の小話集『享楽と親近』（一九三九－四四年）などである。こうした校訂作業への拘りは、アフマドのアラブの伝統に対する基礎的な理解とアイデンティティを確定し、確認する過程でもあったと認められる。

こうした活動や著作を経て、彼は晩年人々に、通称「偉大な教授」（アルウスターズ・アッジャリール）という名前で呼ばれることとなった。

「文化復興」の時代

アフマドの生きた時代は大規模な変貌に満ちていたが、その文化動向はとくに注目される。その中で当時より使用された用語は、「復興」（アラビア語でナフダ、ルネサンスの意味）であった。それは固有の方向性を持った一連の文化活動であり、大きな思潮であった。それを和風に表現すれば、泥沼に咲いた一輪の輝ける蓮の華のようでもあった。華やかな一瞬が過ぎれば、ただ、しおれ、色あせたものになるのであった。このような急速な高まりと逆に速やかで明確な凋落は、歴史を顧みる心を持つものにとってはただごとではありえないのである。当初の雨後の筍のような成長の起因は何か、どのような内容で、それはどの程度の影響を持ったのか、そしてそれはなぜ特定のタイミングで後退せざるをえなかったのか、などなど疑問はいくらも涌いてくるのである。以下では、それらの設問に向かうことにする。

まずこの用語「ナフダ」についてであるが、アラビア語自体にはルネサンスにあるような、再び興隆するという、再度という意味合いは含まれていない。しかし彼らがナフダと呼ぶ時には、この再度という復活の気持ちは十分に込めて使われている。なぜならば、エジプトのファラオ時代やその後のエジプトにおけるイスラーム文化隆盛の再生であり、蘇生であるという意

写真6　カイロ大学正面入口

写真7　ムフタール作「エジプトの復興」一九二〇年

識と誇りが息づいているからである。

　当時の息吹を最も端的に伝えている象徴のような存在は、現在はエジプト大学への門前通りとなっているところにそびえている「エジプトの復興」と題される彫刻であろう。それは多くの人の目に入っては来るが、そのような歴史的象徴として見る人は今では限られているようだ。その彫像は、向かって左側にスフィンクスが座しており、右側には女性の農民がヴェールをめくり上げて前方を上向き加減に眼を見開いて立っている格好になっている。それは一九二〇年のパリ万国博覧会に陳列されて、カイロのラムセス中央駅前にしばらく置かれた後、一九五五年に現在の場所に移されたものである。このデザインはまさしくファラオ時代以来のエジプトの存在を前面に押し出し、他方では女性の活躍と農業従事者が主要な国民層であることを示し、それがすべて未来へ向けて希望的な様相で大理石に刻まれているのである。このスフィンクスの前足二本は伸ばされて、体は半分起き上がっていることも象徴的である。

　ほぼ同様な発想で、やはり「イシス女神の涙」と題された大きな絵画がエジプト議事堂ビルに掲げられている。その主たるモティーフは、中央にヴェールをかぶらないでまっすぐ正面に向かって立った一人の普通の農民女性である。しかし両手を胸に置いて、ファラオ時代のイシス女神の姿にもなっている。そしてイシス女神は夫のオシリス神を復活させたという神話を想起する時、エジプトの復興に思いが及ぶこととなるのである。これも制作は一九二二年とされ、右の彫像と同一時期であった。(2)

これらから十分に時代の息吹を観取しうるとして、それでは一体、国運急を告げている中において、どうしてそのような楽観的で明るい思潮が可能になったのであろうか？　その主な要因として三つ挙げられる。

第一は、制限つきとはいっても、突然に一応独立を達成できたという安堵感である。これはさらに翌年、一九二三年の憲法制定の実現によって強まった。このような順調な推移は、中東

写真８　ナーギー作「イシス女神の涙」1922年

の周辺国の羨望の的ともなるくらいであった。そして国王、ザグルール率いるワフド党、英国という三つ巴の権力分散体制は、いずれにしても国内を牛耳るほどの絶対的権限を発揮しえず、ここに互いに睨み合いの状況、換言すればある種の政治諸力の凪《なぎ》の状態が生み出されていたのであった。さらにはトルコにおいては、ケマル・アタチュルクの近代化革命が進行中で、これも将来へ向けてエジプトに明るい材料を提供するものと見られていた。

第二には、ナセル後も含めてより永続的な意義を持つ要因として、エジプトにおけるある種の市民社会の成長が見られたということである。市民社会とは、国家権力、場合によっては教会権力に対抗しつつ、個々の市民を守るべき防護壁が構築され、整備された社会を指すというのが西欧における古典的な定義である。それは民主主義の拠点ともなり、場合によっては資本主義の熾烈さからの避難所としても機能しうるものである。社会の衝撃緩衝材、バッファーであり、市民生活の砦である。具体的には、それは学校、クラブ、組合など正式に組織化されたものから、より非公式なサロン、カフェの集まりなども同種の存在と見なしうる。生活協同組合、職業組合、社会福祉団体などが、好んで結成されていった。キリスト教にならったムスリム青年連合YMMAも結成され、その他商工会議所、産業組合など、三〇年代にはカイロを中心として、五〇〇余りの民間諸組織が林立していたと考えられる。それらが世論形成のための開かれた横のつながりを保障する公共の場となり、また都市部の政治的社会的活動の拠点となっていた。[3]

あえて西洋式の市民社会と比較して、当時のエジプトに欠落するか、不足していたと言えるのは、全幅的な基本的人権の意識、そして全般的な法の支配の確立の二点であろう。

他方市民社会のメルクマールとしてエジプトで急速に発展して特筆に価するのは、多数の新聞、雑誌の発刊である。新聞では、中立系のアルアハラーム紙（一八七六年発刊、以下同様）、アルムカッタム紙（一八九九年）、汎イスラーム系では、アルムアイヤド紙（一八八九年）、アッリワー紙（一九〇〇年）、科学系のアルムクタタフ紙（一八八四年）、コプト教系のアルワタン紙（一八七七年）やミスル紙（一八九五年）が続々と創刊された。

雑誌も同様である。自由立憲党の「週刊政治」（一九二六年）、次いで「月刊政治」が出されて、ワフド党も月刊と週刊雑誌を刊行しはじめた。非政治的な「夜明け」（一九二五－二七年、文人マハムード・タイムール編集）や「時代」（一九二七－三〇年、イスマーイール・マタル編集）、そして社会主義者サラーマ・ムーサーの編集する「新雑誌」（一九二九－三一年）が出された。また汎イスラーム系では、「使命（アッリサーラ）」（一九三三年－、アフマド・ハサン・アッザイヤート編集）があった。アズハルも煽られて、月刊誌「イスラームの光」（一九三一－三三年）

を発刊しはじめ、それは後に発展して「アズハル雑誌」と「アズハルの長老たち」に分かれた。

これらの雑誌や新聞が競って創刊されたことは、当時においてどれほどそれらが社会への広告塔となり、また世論を作り、あるいはそれを反映するものであったかを如実に語っていると言えよう。そしてここで重要なポイントは、それらが当時のルネサンスの基礎作りの、重要な一翼を担っていたということである。

さらにもう一つ強調してしかるべきことは、これらの市民社会の貴重な表現手段でありまた同時にその産物は、ナセル革命後においても十分何らかの形で遺産として残ったという点である。アルアハラーム紙はその典型である。それらは革命後のエジプトの活発な言論を支え、また社会活動家の拠点としても相当の役割を果たすこととなったのである。

エジプト式ルネサンスの発展に貢献した第三の要因は、王家はじめ政界の指導者層を含めていわば国を挙げて、西欧化の波に賛同していたということである。もちろんその強弱などの差はあろう。例えば、国王ファード（在位一九二二－三六）自身は若い日々イタリアの兵学校で学び、結局、非常なイタリア贔屓《びいき》に成長するのであった。

このような権力の中枢への近さと親密さという意味では、エジプト・ルネサンス時期の自由主義者たちや文化人たちは、ナセル以降の時代に比べてはるかに恵まれていた。後で見るが、ナセルの周りにはいわゆるその支持者ナセリストと左翼が群がり、ついでサダトが過激派の攻撃に倒れてからは、大統領ムバーラクの立場は少なくとも表面的には、イスラーム強硬派によりなびく傾向が出てきて、自由主義者とは反りが合わなくなったからである。

以上、当時の急速なルネサンスの勃興の諸要因を概観した。その思潮は広く支持され、それが新生エジプトの行く末を指し示しているものと受け止められたのであった。

しかし現実には事態はそれほど甘くはなかった。勃興のスピードに負けず劣らず早い足音で、その後退の兆候が不可避的に現れたのであった。そこで、それは何故であったのかが問われることとなる。

ただしかしその前にもう少し、文筆活動を中心としたルネサンス活動の内容を紹介しておきたい。それは真に稀有な人材が輩出し、各方面に羽を伸ばすという愉快な時代でもあったからだ。そしてそれは当然、いまだにエジプト人の間での良き思い出であり、霊感を得る源泉となり、また現在の自由主義のあり方を計測する尺度としても省みられているものでもあるのだ。

イギリス自由主義の大御所であった、ジョン・スチュアート・ミルに心酔し、エジプト大学初代総長になり、またエジプトの二三年憲法立案にも参画して「世代の教授」と渾名されたアフマド・ルトゥフィ・アッサイイド（一八七二―一九六三）は、日本で言えば福沢諭吉のような存在であった。ムハンマド・フサイン・ハイカル（一八八一－一九六四）はエジプト初とされる小説を書いたかと思うと、立憲自由党を結成して大土地所有者の権化のような政治家として活躍した。また彼は三〇年代に入って、時代がイスラーム思潮に傾きはじめるや、『ムハンマドの生涯』（一九三五年）を著し預言者伝記物ブームを巻き起こし、次いでは巡礼記である『啓示の降りた場所で』（一九三七年）によってイスラーム旋風とも言うべき社会現象を招来した。

アフマドの最良の友人であった、アブド・アッラッザーク・アッサンフーリー（一八九五－一九七一）は、一九四七年エジプト民法の起案者であり、彼はシャリーアとヨーロッパ民法の比較検討から、いまだにエジプト、さらにはいくつものアラブ諸国で効力を発揮している現代民法制定に貢献したのであった。さらに例えば、二〇〇三年以降のイラク戦争後、同国に法の支配を確立しひいては恒久的な民主主義を導入すべき課題をめぐって、その作業の進め方と立法精神を玩味するために、アッサンフーリーの業績については現在再び熱い眼が向けられてきている。

最も華麗であったのは創作文学の分野であった。その頂点はターハ・フサイン（一八八九－一九七三）であったし、彼はまた鋭い時流の動きを察知する能力の高い批評家でもあった。フランスのソルボンヌ大学においてイブン・ハルドゥーンの研究で博士号を取得し、若くしてエジプト大学の教授として迎えられた、視覚障害をもった文豪である。『エジプト文化の将来』（一九三八年）で、エジプト文化の根本は地中海文化であると主張し、一世を風靡したのであった。彼が高名をほしいままにし、また候補者に幾度もあげられながらノーベル文学賞を授与されないで他界したことが、一九八八年、すでに触れたナジーブ・マハフーズのアラブ初の同賞受賞を促進したことは間違いないところである。「東洋の小鳥」と称されて粋な文筆で知られたのは、タウフィーク・アルハキーム（一九〇二－八七）である。彼は、東洋こそは新しい文明を築くべしと主張し、時の物質主義に対抗すべき精神主義の鼓吹者でもあったし、また後のナセル時代においてもなお時流に抗しながら自由主義の言論の手を休めなかった作家であった。

その他名前だけ記すが、ジョージ・ザイダーン（一八六一－一九四一）、アフマド・ハサン・アッザイヤート（一八八五－一九六八）、アッバース・マハムード・アルアッカード（一八八九－一九六四）、イブラーヒーム・アブド・アルカーディル・アルマーズィニー（一八九〇－一九四九）、マハムード・ターヒル・ラーシーン（一八九四－一九五四）、マハムード・タイムール（一八九四－一九七三）、ムハンマド・マンドゥール（一九〇七－六五）などは、誰もが知っているといった類の作家であった。(4) これらの名前は、日本で言えば、森鷗外、夏目漱石から芥川龍之介、菊池寛や太宰治などの面々に匹敵するのである。

欲張ればさらに何人も名前は列挙できるが、彼らの生きた時代が互いに非常に重なっていることは注目される。それだけに狭いカイロを中心に、互いがしのぎを削って活躍していたのであった。もう一つ注目できるのは、彼らの出自である。一つのカテゴリーとしては大土地所有者の子弟、二には宗教指導者階層の子弟、三はその他さまざまな背景をもった一群であった。ターハ・フサインやアフマド・ハサン・アッザイヤートは小農民の子弟であり、ムハンマド・フサイン・ハイカルは大土地所有者の子息であった。アフマド・アミーンはイスラーム教師の子弟であったが、右に上げたジョージ・ザイダーンの父親はベイルートでレストラン経営に従事していた。タウフィーク・アルハキームはアレキサンドリアの大資産家の息子であったが、ムハンマド・マンドゥールは、デルタ地方の農村出身であった。

大勢としては、約半数は親の資産はなく自力でのし上がった自助努力の一団であり、また全体の約半数は貧富の差はあるが、農村出身者であった。以上の事実は、当時のエジプト社会における高い社会的流動性を示しているとともに、ルネサンスが全国民的な高まりを見せたことも如実に示しているのである。他方逆説的ではあるが、文盲率は一九一七年では九二%、一九三九年では八二%であったことから、文筆活動によるルネサンスの直接的な影響の範囲は極めて限定されていたことも明らかであった。(5)

自由主義のかげり

この章最後の節は、右に見たルネサンスの興隆はいかにして短期間に失速しなければならなかったかという事情である。そのことは、エジプト自由主義は根無し草でしかなかったのかということにもなるし、八〇年代に入っての復活はどうして可能になったのかという疑問に対する伏線を提供するものでもある。

三〇年代に入ると、ルネサンスやエジプト自由主義にとって好材料となる進展はほとんど見られなかった。世界恐慌のあおりを食らったエジプト経済の下では生活の改善は期待できず、政治的にもドイツやイタリアでは全体主義の進展と議会制民主主義の崩壊が見られた。一九三五年、イタリアによるエチオピア侵攻は、一九一一年の同じくイタリアによる同国侵略の再来として警戒心をもって見られた。これらの動向はいずれにしても、西欧民主主義や議会制度の失敗であり、ひいては西欧文明の瓦解として取りざたされたのであった。

急速な国際的変貌を反映しつつ、エジプト国内でもそれまでに見られなかった政治的に異質な動向が現れはじめていた。それは、より直接的な政治行動を旨とするものであった。国王勢力は青年エジプト団を一九三三年に結成した。イタリア・ファシスト青年団の黒シャツを真似て、彼らはその制服から「緑シャツ」として知られた。ワフド党青年グループは「青シャツ」の制服で知られた。また「オレンジ・シャツ」を採用した政治グループも現れた。一九二八年には、早々と社会の混迷を察知しその脱却のためにイスラームに光を求めたムスリム同胞団が、ハサン・アルバンナーによって結成された。場所はカイロを避けて、人知れずイスマーイーリーヤ市においてであった。

学生はワフド党に対抗するための予備軍であるとの発想から、政府の政策により急増してきていた。一九二五年から五一年までの二六年間に、三〇〇〇名から三万名と一〇倍増になった。一九三五年、ファード国王が二三年憲法を停止させたのに反発した学生たちは都市部で暴動に訴えたが、この騒動は一カ月後に憲法復活となり終息した。

ワフド党も長年の政争に疲れを見せはじめていた。一九三六年、ワフド党政権はイギリスとの新条約を締結して、完全独立への更なる一歩を進めたかのようではあった。しかし右条約では、スーダンの統治権を放棄し、またスエズ運河におけるイギリス軍駐屯権を認めていた。これらは従来の民族主義的立場からは全く受け入れがたい内容であった。こうしてワフド党の変質も明らかになっていた。そしてついには産業界の声をもっと反映すべくワフド党が内部分裂を起こした結果、一九三八年には、サアディスト党が分離独立したのであった。

以上のような政治社会の変貌の底流として注目されるのが、新しい世代の成長である。彼らの多くは農村出身者であり、大学入学のため都市への流入を余儀なくされたが、いわばアイデンティティ喪失の状態をきたしていたのであった。彼らの圧倒的な文化的背景は、伝統的なアラブ・イスラームであり、ファラオ文明、あるいは地中海世界ではなかった。彼らは大学生、あるいはその卒業生としての若い教師、ジャーナリスト、技術者、官僚たちであった。一様に都市部の中流階級であった。そして彼らは赤いトルコ帽子をかぶり、背広を着用するスタイルが特徴であり、一様に「エフェンディー（紳士あるいは旦那様）」と呼ばれていた。エフェンディー層にとっては、ファラオ文化を持ち上げるエジプト流ルネサンスのスタイルはなじみにくいのみならず、すでに数々の植民地支配権力との抗争の経験と重なって、汚れた血なまぐさいイメージを与えるものとなっていたのであった。(6)

こういったエフェンディー層がひしめくカイロの人口は急増していた。一九一七年には七九万人だったのが、一九三七年には一三一万人となり、一九四七年にはそれが二一〇万人となっていた。三〇年間で約三倍に増大したことになる。急進する都市化と貧困の瀰漫《びまん》、若い流入者のアイデンティティ喪失と焦燥感、そして性急な行動を志向する思想に傾斜するとともに旧来の価値感への回帰現象を示すこと、これらはどこかドイツにおけるナチズムの進展にも似ていた。

自由主義失速の文化的な側面に話を戻そう。端的な現象としては、エジプト大学において幅広く強い影響力をもっていたヨーロッパの有力な東洋学者たちは、三〇年代までにはほとんどその姿を消していたのであった。彼らのポストはすべてエジプト人学者によって埋め尽くされていた。今一つの顕著な変貌ぶりは、文筆家たちのテーマとして、アラブ・イスラーム傾斜が決定的となったことであった。

このような思潮の転換期の節目と見なされるものに、連綿と続く預言者ムハンマドの伝記の執筆があった。ターハ・フサインの『預言者伝記の余白』(一九三三年)、ムハンマド・フサイン・ハイカルの『ムハンマドの生涯』(一九三五年)、タウフィーク・アルハキームの戯曲『ムハンマド』(一九三六年)、アッバース・マハムード・アルアッカードの『ムハンマドの天賦の才』(一九四二年)がそれである。こうしたイスラーム傾斜の作品は時代を反映したものであると同時に、また自らが新たな時代の潮流を促進もしていたことは言うまでもないであろう。

こんな中、アフマド・アミーンの一連のイスラーム史の出版は継続されていた。その最後は、非常に西欧批判の色濃い『イスラームの一日』であったことは、すでに述べたところである。

ちなみにこれらのイスラーム傾斜の執筆活動については、それは自由主義の敗北に他ならなかったとするのが従来の見方——といっても主として欧米の研究者の間での見解であるが——であった。ところが八〇年代以降は、それは当時の世相に対してイスラームを理性の光の下で示すことにより、新たな文明の基礎となることを提示する自由主義者の試みであったとして、従来説に対抗する議論が進められた。その端的な論拠として、ファシズムに反対する論陣を自由主義者たちが盛んに論考の形で張っていたことも上げられる。かかる一群にアフマド・アミーンはもちろん入っている。このような論陣が張られていたことが確認されたのも、本書第1章「本書の手法について」で述べた新たな手法のお陰である。要するに書籍だけに検討対象を限らず、イスラエルなどの研究者が小さな論考も取り上げてきた成果であり、新事実の発見と確認という顕著な研究上の進展と言える。

自由主義は敗退したのか？　そうではなく形を変えて躍動していたのか？　以上、二つ並び立つ見解のうち、現在は後者の見方のほうが勢いは良い。

著者の考えとしては、事態の白黒は鮮明にならずに、いずれの見解もおそらく決定的になることはないだろうということである。その理由としては自由主義者にもいろいろな態様が存在し、あるいは特定の論者も時に態度を変更するケースも目立ったからだ。例えば、既出のハサン・アッザイヤートが「アッリサーラ」と題する雑誌を一九三三年に発刊した際の趣旨は、アラブ傾向の強い自由主義的見解を表明し、同時にヒトラーへの支持を鮮明にするためとされた。また一九三六年に同雑誌上においてアフマド・アミーンはターハ・フサインの変節ぶりを批判したが、それに対してその直後再び同雑誌上において、ターハはかつての世俗主義と科学的批判重視から乖離してしまっていたことを率直に認めたのであった。[7] また別の例としては、コプト教徒で政治科学者であったミリット・ブトロス・ガーリーは、脚光を浴びたその著作『明日の政策』（一九三八年）において、独裁者を賛美していたのであった。しかしその後、一九四四年の同書第二版においては、独裁者拒否と民主主義支持を表明するに及んだ。おそらくそれは、欧州における全体主義政権の動向を睨んでの態度変更であったのであろう。

たとえ表面的に退潮したとしても、確かに自由主義が直ちにすべて死んでしまったわけではなかった。ただし、現実に自由主義的成果を挙げえないままに時間が過ぎていったのも事実であった。社会に見受けられるのはいや増す混迷と、無策と私利私欲のエゴ、そして国民不在の政治であった。それがナセル一団の自覚と奮起を促したのは、いたって当然でもあった。そしてそのことが結果として、多くの人が当時求めた性急な行動の具体的な現れとなったとも言いうるのであった。

注（1）アフマド・アミーン『アフマド・アミーン自伝―エジプト・大知識人の生涯』（以下『自伝』）拙訳、第三書館、一九九〇年。

（2）彫刻家の名前はマハムード・モフタール、画家はムハンマド・ナーギー。ナーギーはアレキサンドリアに「アレキサンドリア学派」と題される巨大絵画も一九三八年に完成し、公開した。それは現在、同市の市庁舎に飾られている。ファラオ時代、アレキサンダー大王、エジプト農民や著名な作家ターハ・フサイン、独立運動家サアド・ザグルールなどが描かれて一枚の画面に登場している。文字どおりエジプトの国民

写真9　ナーギー作「アレキサンドリア学派」1938年

的民族主義賛歌の絵画と言えよう。

（3）リチャード・メイジェル『近代性の追求—エジプトの世俗的自由主義と左翼政治思想』ニューヨーク、二〇〇二年、一七ページ。

（4）ジェイ・ブルグマン『エジプト近代アラブ文学史入門』ライデン、一九八四年、が最も包括的な概説書。

（5）エイミ・アヤロン『エジプトによる文化的方向性の探求』テルアビブ、二〇〇四年、一—三四ページ。http://www.Dayan.org/D&A-Egypt

（6）エフェンディー層の研究や、自由主義者のイスラーム論執筆の内容はその敗北を示すものではなかったとする議論としては、イスラエル・ゲルショーニー、ジェイムス・ジャンコウスキー共著『エジプト国家の再定義　一九三〇年—一九四五年』ケンブリッジ大学出版、一九五五年、七—二二ページなど。

（7）アッリサーラ誌、一九三六年六月一日付および同年同月八日付において、両者の論争がかわされた。

第3章　フサイン・アミーンとその時代

写真10　フサイン・アミーン（五男）

フサイン・アミーンは、信仰上の事柄も、そして知的な水準と判断の基軸も父親アフマドから多くを得ることができた。しかし活躍の舞台となった二〇世紀後半は、前半と比較するとやはりさまざまな様相を異にしており、その中での自由主義の役割は主要敵である過激派の動きに対抗するという宿命が与えられていた。ただし、順序としては過激派の動向が自由主義的対応を呼び覚まさせたということである。そこで彼らは新たな責務を担っているので、「新自由主義者」とも呼ばれた。

この「新自由主義者」は以前と同じく組織化されず、同じ傾向にある論者たちを総括的にまとめて見る時の用語である。そこで自然と議論の強弱や論点の選択においてはまちまちであった。ただし次の点ではおおよそ共通していると言えよう。それは、イスラームは信仰の真髄においてはもちろん不動である、しかしそれ以外の実際社会への適用にあたっては、過去においても柔軟性を発揮してきたのであって、今後もその柔軟性を確保するであろう、そしてその際の一つの源泉は、イスラーム解釈において歴史性を適切に配慮すべきであるという点である。

また具体的な論点として彼らが共通して主張するのは、過激派が政治制度として過去の栄光の象徴であるハリーファ制の復活を要求するのに対して、それは結局独裁制に導くとして強く反対することである。そもそもクルアーン、さらには預言者伝承を通じても、特定の政治制度が求められているわけではない、と説くのである。さらに彼らは一様に、西洋文明に対しては進取の気性をもって接している点、世紀前半の自由主義の流れと軌を一にしている。

ここに歴史家アフマドから自由主義の薫育を仰ぎ、また幼い頃より格別の歴史教育を授かり史実にも明るい論客フサインの、大きな晴れ舞台が準備されたと言える。彼は後述するファラジュ・フーダやムハンマド・サイード・アルアシュマーウィーとともに新自由主義者三羽烏の一人に数えられ、その基礎を提供し、またその潮流を牽引したのであった。

人生と活動

1　人　生

新カイロと呼ばれる地区に居を構えて引退生活を静かに送るフサインは、昨今はイスラームの議論よりは、若い頃から親しんできたシェイクスピア他の英文学を楽しんでいる。それは一時の過激派の波が、少なくともエジプト国内では多少静まってきたことの反映でもあろう。

一九三二年に生まれ、五三年にエジプト大学法学部を卒業し、直後にロンドン大学へ留学した。その後しばらく弁護士をし、またイギリスのＢＢＣ放送やカイロ放送のキャスターを務めてから、エジプト外務省に入った。ドイツ、フランス、ソ連、ブラジルなどに勤務して、最後はアルジェリア大使を務め、一九九二年に退官した。それまでにも各地からエジプトの雑誌に種々の寄稿をしてはいたが、退官後は一気に堰を切ったように多筆となり、エジプトはもとより広くアラブ・イスラーム諸国で知られる強力な論陣を張ったのであった。

以上のような手短なまとめからは、フサインと父親との関係の機微を窺い知ることはできない。そこでここに多少補足しておきたい。アフマドはフサインらが小さい頃、学校から帰ると毎日のように何を勉強したか問い正すのを習慣としていた。また歴史学習については、史料の扱い方などを細かに指導したが、この歴史学を通じての父子関係については第5章で詳述する。いずれにしてもフサインが一〇歳の時に、第二代正統ハリーファであったウマルについて一文をまとめ、それが時の閣僚であったムスタファー・アブド・アッラーズィックに認められて、表彰状を獲得するというようなこともあったという。

一般的に父子関係については、さまざまな研究があり、文学作品でも取り上げられてきている。イギリスの自由主義思想家ジョン・スチュアート・ミルとその父親で歴史家のジェイムズ・ミルの関係は、さまざまに研究されてきている。あるいは、古くはギリシア神話でエディプスの父親殺害の話があり、ペルシアでは父親ロスタムによる息子殺害がテーマになっている『シャー・ナーメ（王書）』の国民的物語がある。ツルゲーネフは『父と息子』（一八六二年）を著した。微妙な側面を含む父子関係を取り上げ、エディプス複合という術語が用いられる出発点となったフロイトの心理学研究もある。それら大半のケースにおいて、父親は権力的存在であり権威の象徴として描写されるのが普通である。

この点、フサインはアフマドのことは、彼から脅威を感じるとは思っていなかったし、また家庭生活のうえでも強圧的な存在ではなかったようである。唯一、フサインに対して大声を出したのは、通学の安全を心配したアフマドは黒塗りのクライスラー車を準備したが、それに乗ると学友の嫉妬心を生むとして拒んだ時くらいだった、と思い出の中に記している。むしろ平生はアフマドは大変公正で自分の仕事にいつも真面目そのものであったとしている。(1)

ところがそんな中、彼は父親との間には、何か「強い障壁」を感じていたと記しているのは注目される。この言葉が与える強い印象の割には、フサインはこれ以上にその詳しいところは何も述べないままになっている。そこで読む人たちの読み込みと解釈が要求されることになるのである。

著者としては、それが示唆しているのは二世代間におけるエジプト近代化現象の副産物ではないかと解する。近代化とは何かについては、日本でもすでにしきりに議論を重ねてきた経緯がある。一般的には、工業化、都市化、大衆社会の勃興、民族国家の成立などと連動する広範な概念であることはよく知られている。その中においては伝統的な諸価値観、中でも社会的団結の機軸の変容がよく見受けられる現象であった。従来は、地縁、血縁、そして家族的原初的な結合に比重が置かれ、父権的な社会構成が通常のモデルであった。これに対して、類型的には新たな近代社会では、より大組織の下で旧社会的団結の分散化が顕著であり、新たな人間関係は機能化、機械化され、それまでと比較すると疎外感が充満することとなるのである。これが共同社会から利益社会への転換である。

これは実は世界の大半の諸国で見受けられた現象であって、ここでの趣旨はエジプトもその例外ではなかったということである。都市化で言えば、カイロの人口は一九三〇年には全エジプト人口の三％であったが、一九八〇年にはそれは二五％に増加していた。その間、全人口は二〇年代に一四〇〇万人だったのが、九六年には六二〇〇万人に増大した。カイロの密集の程度は推して知るべしと言えよう。他方で文盲率は、一九三九年には八二％であったのが、一九八〇年には三八％と向上し、はるかに社会的覚醒は前進を見せていた。

また世紀前半と後半では、メディアの発達、社会の政治化の進展、ムスリムの多様化現象も見られた。それだけネットワークが発達して社会的成熟度が高まったと言えるが、それは従来の家族的な人間関係を維持する要因にはならなかった。三〇年代における農村出身大学生のアイデンティティと人間関係の問題にはすでに触れたが、それはより一般的に世紀後半までには、都市部のエジプト青年を広く覆う現象となっていたと想定される。こうして若者と高齢者の間には、多くの諸国で見受けられる世代間格差が、近代化現象と重複する形でアミーン父子にも生じていたと推定されるのである。それをフサインは「強い障壁」と呼んだものと思われる。

最後にアミーン父子に関して言及しておきたいことは、息子の深い失望と父親世代への郷愁の感覚である。これは華やかであった世相に対するうらやみの面もあるであろうし、前述の

「強い障壁」と合わせ理解する必要がある。

失望の源は過去一世紀にわたるエジプトの失態に対するものであるが、それはまた父親世代当時の明るい楽観性に対する憧れでもある。時代は自由主義から軍事独裁制へ移行し、多党制政治から単一政党政治に変わり、資本主義から社会主義へ転換し、西洋との連携から東洋のそれへ鞍替えし、エジプト民族主義からアラブ民族主義へと推移したのであった。転向し続けたあげく、さして成果らしいものは達成できずに、過激派が跋扈《ばっこ》する世の中となったというのがフサイン世代の実感であった。

2　著作活動

次にフサインの主要著書を一望したい。それらの具体的な内容は、思想内容としてイスラーム論、文明論、政治論のそれぞれの分野に分けて、後ほど詳述する。ただし次に見る主要著作にこれら三分野の考察は不可分のものとして、多分に混在して示されている。

まず『悲しいムスリムの導き』（一九八三年）および『シャリーア適用への呼びかけ』（一九八五年）がある。両者とも彼の書き下ろし、あるいは既出の長編論文集である。双方とも、イスラーム信仰の真髄は変わりないが、シャリーアの解釈は社会の変化と歴史的状況に順応して

写真11　フサイン著『悲しいムスリムの導き』1983年

行われるべきだと主張した。とくに物事を判断する際の歴史的相対主義、歴史性の視点は重要であると強調した。前者は、一九八四年のカイロ国際図書展において最優秀賞を獲得した。

彼の文明論としては、『変貌する世界におけるイスラーム』（一九八八年）および『宗教的諸傾向への文明的立場』（一九九三年）がある。これらも長短編の論文集である。彼は父親が熱心に推進した、東洋対西洋という図式は受け入れないが、イスラーム文明凋落の原因などに関する見方は、父親のそれとほぼ同一と言って差し支えない。

さらに彼の『アフマド・アミーンの家で』（一九八五年）も挙げねばならない。これも同じく長編の論文集である。それは昔の家庭生活の思い出話ではあるが、父子それぞれの貴重な記

写真12　フサイン著『アフマド・アミーンの家で』1985年

録として、本書執筆にもすでに活用しているものである。

　以上のようにフサインの場合は、父親と異なり、長編の論文を執筆しそれらを単行本としてまとめる方針をとってきていると見られる。したがってアフマドと異なりフサインの場合は、その主要著書を精査することで大半の彼の議論はカバーできるということになる。

　ただし、それでもカバーしきれていないものは、本書の検討対象として取り上げている。その典型例は、二〇〇三年、彼がイギリスのBBC放送によるインタヴューに応じてまとめられネットに掲載された記録や、一九八三年、雑誌「ムサウワル（写真）」に掲載された連続三本の長編論文である。前者は民主主義に関する彼の重要な発言を含んでいる。後者は、イスラーム改革とムスリムの責任論である。

いずれも本書では、第5章「文明論」や第6章「政治論」において大いに活用することとなる。

ナセルからサダトへ

フサインの主な活躍の時期は、一九八一年のムバーラク大統領就任後である。その時期になると日本においてなじみもあるので、世紀前半よりも要点を絞って書き進めることとする。

ナセルの革命政権は国民にとって、あらゆる意味でエジプトの抱える諸問題の万能薬のように受け止められた。ナセルは農地改革などさまざまな社会改革を断行し、アラブ民族主義とアラブ社会主義の推進に加えて、非同盟政策により国際社会でも主要指導者にのし上がったのであった。そんな中、スエズ運河の国営化とアスワン・ハイダムの完成は、将来を約束すると思われる象徴的な事業となった。

ムスリム同胞団は、一九五四年のナセル暗殺未遂事件後、組織は解体された。またアズハルも、一九六一年、その総長選任権を掌握することにより、政権の指揮下に置くことに成功した。こうして宗教界も政府の意向に従う体制が整えられた。

このような国運隆盛の状況は、かなりの程度、自由主義者も是認するところとなった。相当

写真13　ナセル大統領の写真を掲げる人々

部分は彼らの主張の先を行く面が少なくなかったからだ。こうして五〇年代から六〇年代にかけて、自由主義的な立場からの政権批判の声はすっかり鳴りを潜めることとなった。ナセルの魅力が圧倒的に勝利したと言えよう。

そんな中、一九六七年、イスラエルの攻撃の前にアラブ側はもろくも敗北の屈辱を味わうこととなった。折しも非能率的な計画経済は、そのほころびを見せはじめていたのだ。

一九七〇年、ナセルの死後、大統領に就任したサダトがこれらの諸問題の解決を迫られることとなったのは当然であった。しかしより喫緊な課題は、いまだはびこる旧ナセル支持派と左翼陣営との対決であり、彼自身の足元を固めることであった。サダトはこのため、ムスリム同胞団を解禁し

写真14　イスラエルとの平和条約を結ぶサダト大統領、1977年

てイスラーム勢力を利用しようとしたし、また大学生を急増させた。しかしそれら新規の大学生たちの多くは、ムスリム同胞団に入るか、あるいは左翼になびいていったのであった。

一九七三年の第四次中東戦争における対イスラエル戦の勝利は、サダトに一時的な休息を与えはした。しかしそれに次ぐ、米国追従と世俗化傾向の矢継ぎ早の諸政策は国民感情を逆なでするもので、結局彼は「新ファラオ」と綽名されるまでとなった。また「戦争に勝ったサダトは、戦争に負けたナセルよりも小さい」とも揶揄された。このように国民の不興を買った政策の中心は、一にはイスラエルとの国交樹立であり、二にはアメリカ式の社会的道徳的腐敗を持ち込むと見られる急速な市場開放政策であった。

国民の不満を反映しつつ、一方でますます増進してしまったのは、イスラーム勢力の組織化と活動家たちの増員であった。一九七九年のイラン革命の成功も大いに刺激材料となった。エジプト国内に、ジハード団、アッラー軍団、地獄救済団などが結成され、全国の大学生をまとめるイスラーム・グループも作られた。一九八一年、一気に一五〇〇名のイスラーム活動家が政府により逮捕されるにいたり、ついにジハード団は軍事パレードの最中、サダト暗殺を敢行したのであった。

過激派の暗躍は、次のムバーラク政権も慎重な対応を迫られるとともに、エジプトの良識ある人たちによる過激派増進への反省と善処を求める声を誘発したのである。ここに再び、新たな自由主義の出番が用意されることとなった。

ムバーラクと自由主義

ムバーラクは自然と過激派に対して、あまりに厳格な態度を取ることを躊躇したが、それは彼の立場の基調となったのである。しかしそれにも起伏があり、例えば九〇年代に入ると、かなりの締め付けも試みてきた。

その九〇年代ではまず、あまりに過激な直接行動に対しては、イスラーム活動家の中からも批判の声が出た。それがいわゆる「中道派」と称される人たちの、より穏健な見解の表明である。ムハンマド・アルガザーリー（一九九五年没）、ユースフ・アルカラダウィー、ファハミー・フワイディーといったところが、周知の人たちである。これに加えて、ムバーラクの締め付けの効果でもあるが、一九九六年一月、ムスリム同胞団の中から穏健派が分離し、「中間党」と称する一団を発足させた。今ここではその詳細は控えるが、過激派の中からもこのように時宜に即してより穏健な新たな動向が生み出されることには、注目しておきたい。

写真15　自らの写真の前で演説するムバーラク大統領

　こうして主としてきわめて実利的な理由から、ムバーラクは穏健なイスラーム勢力と手を結ぶようになってきた。このいわば煮え切らぬ態度は、自由主義者をして発言させる結果を招いてきている。その今ひとつ重要な要因は、世界的なマルキシズムの退潮や、アラブ社会主義およびアラブ統一への思想であるバアス思想の後退など、ようやくイデオロギーの時代が終焉しつつあることである。こうして、自由主義者にとってはより広く自由な活躍のための、思想的空白状態が生じてきたともいえる。

このようにして八〇年代から九〇年代までに再登場したエジプトの自由主義は「新自由主義」とも呼ばれることとなった。世紀前半とは異なった課題を担った新自由主義の論客たちが、白熱した論舌を縦横に振るう条件が整えられたのであった。以下においては、フサインの置かれた環境を確認するために、主だった新自由主義の論者を一望しておきたい。

新自由主義三羽烏の一人、ファラジュ・フーダ（一九三五－九二）は、息子と自宅を出たところを過激派ジハード団の凶弾に襲われて倒れるという惨事のために、国際的にその名が知られることとなった。それを契機にムバーラク政権の過激派締め付けは厳しさを増した。フーダは国会議員に選出され、著作も多数に上った。その主張点の特徴は、国家とイスラームは別であり、イスラームを守るためにも国家と離して扱うべきだとした。エジプトについて言えばコプト教徒も入れて国家的国民的統一を図るべきだとして、全人口の一五％に上るコプトの権利を擁護した。彼はフサイン・アミーンのことを「私の先生」と呼んでいた。

今一人は、ムハンマド・サイード・アルアシュマーウィー（一九三二－）である。最高裁判所長官を務めた。また一九七八年には、ハーヴァード大学で教鞭をとったこともあった。彼の主張点は、イスラームは律法ではなく、慈悲の教えである、クルアーンの六〇〇〇に上る節のうち、法律的な性格のものは二〇〇にしかすぎず、預言者の神政は他の人には不可能であり、正統ハリーファの治世も大いに人間界のものにすぎなかった、シャリーアによって国が運営されるべきだとする人の多くは、クルアーン用語のフクムを統治と解するが、それは判決、判断と解すべきものであり、したがってそれは統治の基礎にはなりえない、とした。またシャリーアの適用は種々の条件に適合させること、とくに公益の概念が必要であるが、いずれにしてもシャリーアと国家とは別物であり、シャリーアの適用は共同体の責務であり、国家ではない、と結んだ。

三羽烏の三人目は、フサイン・アミーンその人であるので、後述する。

さらに以下、新自由主義の主要人物を数名取り上げるが、いずれも高学歴でありジャーナリズムに関与しているケースが大半であるという共通点がある。ここに前に見た、市民社会の柱としての新聞・雑誌のマス・メディアの成長が引き続き見られ、それが政府の方針に反しても自由主義の有効な拡声器になって機能していることがわかる。

ナスル・ハミード・アブー・ザイド(一九四三—二〇一〇)は、エジプト大学神学博士号を取得、九五年より同大学正教授となった。しかしその際に提出した論文で、クルアーンを文学的比喩的な見地より論じたことにより、最高裁より背信の判決を受け、したがって非ムスリムとしてムスリマである妻と離婚しなければならない羽目となった。結局一九九六年、海外へ二人で逃亡し、オランダのイスラーム研究機関に入った。従来は破門審判はアズハルが行ってきていたが、この事案のように最高裁が介入したことは新たなプロセスとして法律的にも注目された。

フサイン・ファウズィー・アンナッジャール（一九〇〇－八八）は、エジプト大学報道学博士号を取得、ハーヴァード大学でも研究生活を送った。彼の主張点は、シャリーアは共同体（ウンマ）を制定してはいるが、特定のハリーファ制など国家制度を制定しているわけではないということである。そしてクルアーンの目標とするところは、世界をイスラーム化することであるとした。こうして彼の主張は、過激派よりもさらにイスラーム的たろうとしているとも評価されるのである。

マクラム・ムハンマド・アクラム（一九三五－）は、雑誌「アルヒラール（新月）」と週刊誌「ムサウワル（写真）」の編集長を務める。過激派非難の彼の記事により、一九八七年、暗殺未遂事件に巻き込まれた。ムバーラクに近しい関係にあることも暗殺計画の動機になっていた。

彼はまた、第三代ハリーファ・オスマーンの時代にエジプトは最悪の時代を過ごしていたと述べて、ハリーファ制度に強く反対を表明している。

ムハンマド・ハサナイン・ハイカル（一九二三－）は、ナセルの外交顧問であったが、サダトのイスラエル接近を批判した。しかし同時に過激派批判の筆頭でもあり、現在もテレビ、新聞にしばしば顔を出している。一九六〇年、国家栄誉賞を授与された。

アブド・アッサッタール・アッタウィーラ（一九二八－）は、ジャーナリストとしては珍しくパレスチナにアラブ・ユダヤ双方の国家建設を支持している。また彼は、非民主主義であるとして、ハリーファ制の復活には強く異議を申し立てている。

サアド・アッディーン・イブラーヒーム（一九三八－）は、国際的に著名な人権運動家で、少数派の権利と民主主義擁護の働きのため、二〇〇二年、ノーベル平和賞候補になった。一九八八年、イブン・ハルドゥーン発展研究所を設立し、選挙監視や社会科学研究の手法を若手に訓練した。外国に重要情報を漏らしたり、コプト教徒との関係を挑発する国家騒擾罪で二〇〇〇年、有罪判決を受け投獄されたが、二年後に釈放された。一九九五年の選挙に不正があったと告発したことが、投獄の真の理由であると目されている。そして現在はエジプト国外にその安全を確保すべく移り住んでいる。

以上のような新自由主義の一群は、多種多様に柔軟なイスラームのあり方を求め、日々場合によっては命を懸けて戦っているのである。しかし弱点も指摘されている。その一つは、主張点が過激派の「イスラームこそは解決なり」という単純極まりないのに比較して、非常に複雑で難解なことが少なくないということである。二つ目の弱点は、ムバーラク政権はイスラーム活動家に少なくとも表面的には傾斜せざるをえなかったという事情があることである。これは自由主義の第一世代においては、国王はじめ政権の大半は、ルネサンス推進派であった状況と明らかに対比される。

フサイン・アミーンは、自由主義者たちは、ばらばらに「水の上にものを書いているようなものだ」と言って慙愧の念を表明している。[2] また、自由主義者たちは、過激派と「言い合い（シャウト・マッチ）」をしているだけだ、との自己批判の声も聞かれる。[3]

彼らの固い決意と主義主張に対する強いコミットメントが要請されるさなか、大きな課題としては、エジプト国民全体のいっそうの政治的覚醒と事態に対処するバランス感覚が問われていると言えよう。

注（1）　フサイン・アミーン『アフマド・アミーンの家で』カイロ、一九八五年、二〇一―二三、二一八ペー

ジ、次の「強い障壁」については、三一、八三－八七ページ。
（2）エマヌエル・スィーバン「イスラーム内の衝突」サヴァイヴァル誌、国際戦略研究所、第四五巻、一、二〇〇三年春、三九ページ。
（3）ファウズィー・ナッジャール「エジプトにおけるイスラームと世俗主義の論争」季刊アラブ研究、第一八、二、一九九六年春、一－一六ページ。

第4章　イスラーム論

この章では、信仰論、イスラーム諸学、シャリーアの適用という三つの側面に分けて父子の議論を検討する。そしてそこにおいて思想の継承や発展の様子を細かに観察することにしたい。

信仰論

まず、息子フサインについて見ておこう。彼は、信仰は「悲しいムスリム」の慰めとなり、喜びと幸せの源泉になると言い、以下のとおり主張する。

現代は預言者ムハンマドの時代と同様に、イスラーム伝播に適した時代であるが、そのためには二つの条件を満たさなければならない。まず、イスラームは世界の中で孤立すべきではなく、多元主義も許容しつつさまざまな共同体に参画すべきである。第二には、ギリシアから学んだ時のように、ムスリムはもっとその伝統に自信を持つべきである。それらの過程で人は長年の間に蓄積された塵芥を除去しつつイスラームの精神を充実させれば、それがアッラーの意図である以上、結局、歴史の流れと軌を一にし、最高の羅針盤となるであろう。しかしそのような膨大な仕事は、「偉大な思想家」の出現を待たねばならない。[1]

このようにフサインは、信仰に真の生活があること、啓示内容（リサーラ）に歴史全体の中軸的な位置づけを与えていることは明らかだが、その内実であるイスラームの精神とは何か、あるいはアッラーの意図がいずこにあるのかといった議論はまったくしていない。それはすでに父親アフマドによって、相当煮詰められていたことが原因であろう。アフマドの熱気の根源は、西欧化や近代化の波に煽られがちな中、いかに信仰心を保持し恒常的にそれを更新させるかという、喫緊の危機に直面していたことにあった。

写真 16　アフマド著『溢れる随想』1938-56 年、全 10 巻

以下では、アフマドにおけるその

葛藤の詳細を見てみよう。

父アフマドは宗教一般の話として、信仰とは何か、そしてその精神性が西欧文明や近代化の波に足がすくわれてしまわないように苦悩した。そのような脈絡の中で、イスラーム信仰のあり方や内実を論じ、それは現代社会の中でも完全に有効であることを説明し、主張した。

彼のこの議論の主要な場は、一九四〇年から一九四八年まで、毎年断食月にラジオを通して行った講演であった。それは年数回のペースであったが、合計二三回行われ、その記録の大半は『溢れる随想』に収められている。多年にわたる講演内容は、時に整理されておらず繰り返しもあり、またある時は不明瞭な部分もあった。しかし以下においては、本来の微妙な議論の関連性を保持するためにも、主として時系列的な順を追って見て行くことにしたい。

初めに通読の便のために、彼の使う用語を列記しておこう。直観（イルハーム）、啓示（ワハイ）、アッラーの単一性（タウヒード）、アッラーへの愛（フッブ）と畏怖（ルウブ）といった諸概念が出てくる。直観と啓示は、稲妻のようなものと譬えられている。

1　宗教一般における信仰擁護

一九四二年の四回連続講演「科学と宗教」の初めでは、アフマドはこのテーマについての考え方を以下のとおりまとめて提示している。
真実は科学によってのみ到達できるのではなく、芸術や宗教も同様に異なる側面の真実を明らかにしてくれる。可視的で物質的な側面は科学が明らかにしてくれるし、芸術は美や清純さといった不可視世界を扱う。それら両者を越えて、宗教は精神性を扱い、それは抽象的なものに意味を与え全宇宙の第一原因も明らかにしてくれる。いずれの場合も、理性を使う時や感性を駆使する時もある。結局のところ、宗教と科学は互いに補塡しあうのであって、真実探求という点では合致している。宗教における真実への到達方法は直観である。預言者ムハンマドの場合のように、それは詩人、哲学者あるいは科学者とは違って、「彼の心に、天啓の輝きが閃いたのであって、それは雲が集まると稲妻の光る雷が落ちるようなものであった。」[2]
次の「科学と宗教」の講演では、以下のように説いている。
心で感じることが宗教信仰の始めであって、理性で思考することはその次である。しかし絶対主である神は理性であると同時に、宇宙の魂であり、それらは一つのシステムの下で統合されている。ここに神、アッラーの単一性があるのである。自然に代表される美は、創造主たるアッラーの差配を感じさせる良い方途でもある。進化論は決して創造の根源を解明するものではない。また科学は「いかに」という方法論を論じても、「それは何か」という本質論には答えないのである。そして最後に出る言葉としては、「アッラーは宇宙の主である」ということに尽きている。

2　直　観

翌年の一九四三年、アフマドは芸術や科学とは異なる宗教の世界の不動の価値をしきりに説くこととなった。以下はその主要点である。

人の天性には、真善美を希求する傾向が賦与されている。しかしそれらを味わう能力は人さまざまである。同様に宗教の信仰を得ることは、やはりすべての人に与えられた天賦の才によるが、その強弱、大小といった差異も存在することは否定できないところである。それはちょうど、誰でも歌は歌えるとしても、歌手になれる人は限られているのと同じである。宗教は真善美を包括し、それらの上部にある精神界であり、それに達する天賦の才は他の三分野のそれらを超越しているものだと言えよう。科学に加えて精神があり、理性に加えて心があり、論理に加えて信仰があるのだ。西欧文明の犯した間違いは、人の持つ種々の天賦の才を見限って、科学だけを偏重したことにあるのである。(3)

次の講演では、彼は可視世界と不可視世界の別について以下のように論及した。

不可視の世界に属する信仰は、幻想ではない。それも人の天性の一部なのだ。可視世界は、聴覚、視覚、嗅覚、触覚、味覚の五官によって認識する。しかし不可視世界のそれは、精神的鍛錬による。そのためには直観を働かせることとなる。信仰の真髄は、本能的直観により内在世界の頂点に達することである。つまりそれは、最も高貴な感性により、最頂点に達することなのである。文明が均衡を保つためには、科学、哲学、芸術そして宗教が十分機能する必要がある。近代文命の欠陥は、心と宗教をないがしろにしたということである。真の宗教は超然性と高貴さを与えるが、それはまた劣等感を治癒してくれる。それは魂を暗黒と恐怖から、安寧と歓喜に導いてくれる。それはまた、自らと全人類、さらには自らと被創造者全体との紐帯を観取させてくれて、絶対主のアッラーが主人である家族のように思わせてくれる。

3　イスラーム信仰

翌年一九四四年は、以下のような啓示論であった。[4]そしてこの段階になると、宗教一般という建前は影を潜めて、ほぼイスラームだけを念頭に置いての議論となってくる。

啓示の事象を描写するのが難しい理由は、芸術表現よりも深くて、それに期待される内容もより広くて、結局全世界――つまり大洋、天空、大地など――であり、しかもそれらが短い言葉で表されなければならないからである。さらにもう一つの困難は、啓示においてはあの世とこの世との双方を指し示さなければならないという特殊な使命を帯びていることである。最後の困難は、啓示の内容はあらゆる種類と傾向の人たちに向けられねばならないという点である。その使命の向かう方向は二つある。一つは可視界であり、それは社会改革のための儀礼と法の確立、今一つは不可視界であり、正しさ、真実、およびアッラーを知るために精神が上るべき梯子を樹立することである。それは心を通じる過程である。儀礼と法は異なる環境により差があるが、アッラーからの内在するメッセージを読み取ることは、この同じ一つの梯子の段階の違いでしかない。

さらに続く。

人の才能を磨くことはさまざまな方法があるとしても、宗教的感性を磨くのは、精神の浄化を旨とする霊操（リヤーダ）による。そしてすべての宗教の感化は、心を揺さぶる説教や法話といった呼びかけ（ダウワ）によるのであり、その背景にある神学ではない。神学はアッラーの証拠をすでに信仰する人に教えを提供はしても、いまだ信仰に至っていない人にはそのような役割は果たさないのである。科学はどれほど進歩しても説明できない事象が残り、そのように科学が行き止まりとなったところから宗教は出発するのだ。また宗教のみが物質界の後ろに何があるかを説明するが、それは魂とアッラーに尽きる。他方で宗教と科学は互いに矛盾をきたしているわけではない。理性と宗教の最も美しい共同の果実が倫理である。事実、真実に対する愛と敬意は、科学への愛によって高められたと見られるが、したがって科学の存在が倫理の水準を向上させたとも言いうるのである。

以上のようにアフマドは、信仰世界を改めて解明し紹介することにより、科学に宗教の足元をすくわれないように警告を発したのであった。直観を基軸とする信仰のあり方は、時代や環境により変化するものではなく、不動の支柱であることも同時に示していたのであった。彼はその自伝の中で、自分はどうにかして信仰を確立しそこから多大な滋養を得ているが、若い頃はもっと篤信家であった仲間に今ではすっかり宗教から離れてしまった者もいると、感慨を込めて述べている。しかもその原因は、自分にもはっきりしないと言う。そこに時代の変化の怖さがあると言いたげでもある。(5)

また特筆しておきたいのは、信仰を正しく強化することにこそ、人生の生きがいがあり、それこそが真の生きる目的であると考える点である。このような強い確信にもとづく人生観が、アフマドの生きた時代の荒波を乗り越えさせた原動力であったことは理解に難くない。信仰とはアッラーの存在と差配を真実として受け止め、それに全幅帰順することである。その心の傾斜の過程においては、当然彼の言う「理性と宗教の最も美しい共同の果実」である倫理観も人を左右する。アフマドは一流の倫理道徳家であったことは、すでに見た。

いずれにしても、父子揃って宗教信仰の真髄の不変性を強調したと言えよう。それは、信仰は歴史の浮き沈みを超越したものとの認識でもある。そのように非歴史性、あるいは超歴史性なるものを認める立場は、二分法でわかりやすい半面、それら両者の関係、あるいは無関係さが疑問視されるところである。この微妙で繊細な論点については、父子ともども何も突っ込んでは考察していない。信仰を確立した者にとっては、おそらくそれほど問題視されないということであろうか。またさらに言い換えれば、信仰という無定形で無限な側面は、「アッラーのみ知る」と言わんばかりである。

イスラーム諸学

この節において父子の間で比較対照する必要のある分野は、一に歴史学の方法論など、二にシーア派をめぐる議論であり、最後に神秘主義論である。もちろんアフマドの学術書として処女作ながら大変反響の大きかった『イスラームの暁』は、第2章で述べたように、ムスリムの自意識を大きくコペルニクス的に転換させたという画期的な意義があった。しかし以下に見るように詳細な事態の進展ぶりとしては、その転換はすでにアフマドの著述以前から表明されてきた相当周知の事実であり、それを前提としてフサインは議論を展開することになった。

1　イスラーム史学

前節同様に本節でもまず息子フサインのほうを検討しておきたい。彼は職業としては行政官であり弁護士上がりであったが、歴史学にしっかり裏打ちされた見識を持っていたことは、彼自身歴史学の手法を学び、その視点を基礎にしていると何回も述べていることに明らかである。

その一例は、一三歳の時に、アッバース朝の二人のハリーファ（第七代ハリーファ・アルマアムーン〔在位八一三－八三三〕、もう一人はその前任者、ハリーファ・アルアミーン）を比較する課題を学校で与えられたことがあったと記している。当初フサインはシーアが是とするものばかりに頼って、アルマアムーンだけを高く評価するほうへ傾いたそうだ。しかし史料のバランスの重要性、さらには物語の伝承者たちの系譜と彼らの背景、とくに執筆した当該歴史家がどのハリーファと被雇用関係にあったかといった諸点を学ぶように父親に指導されたそうだ。この一事が一番、彼に歴史への厳しい態度を植えつけさせるようになったと述べている。

写真17　アフマド著『イスラームの暁』1928年

またフサインは、中世における歴史家たちの厳しい手法はクルアーンや預言者伝承学で修練を受けてきた成果でもあり、決して現代の史料批判学に引けを取らないものであったとも言う。ただし中世における預言者をめぐる学問が護教的に傾いたのは、当時キリスト教の攻撃があったからだが、それだけに現代においては新たに護教的でない預言者の伝記を調査、研究する必要があるのだとする。(6)

ここで日本でもなじみ深いイギリスの歴史家エドワード・ハレット・カー（一八九二－一九八二）の話題が登場してくる。それは彼の著書『歴史とは何か』に出てくる逸話をフサインが引用して、カーの言説を支持しているくだりである。カーは歴史家の仕事は漁夫のそれに似ているとする。というのは、網に掛かった種々の魚の中から漁夫は望みのものを選別すると言うのである。歴史事実もいつも溢れんばかりではあるが、基本的な歴史家の仕事はその中から必要で有用なものを選択するという作業であるというのである。(7)

この文脈においてフサインが指摘するのは、アラブの歴史叙述によく見られる理想主義的で物事を二分法で見る視点に対する警戒心である。それらはイスラーム以前より見られた砂漠の生活を理想的に描く傾向に発しているとする。このような傾向と民族的感情や政治的立場を離れ、客観的な研究の必要性を強く訴えている。(8)

こうして振り返ってみて特筆されるのは、アフマドは宗教の事項にまでも理性の働きを重視していたが、この理性重視強調の側面は、フサインにおいては客観的歴史研究の呼びかけの方面でとくに機能したと言えることである。

2　シーア派論

アフマドはシーア派の歴史を書いたとしても、それで世間を騒がせたり論争に巻き込まれたりすることは予想もしていなかった。この点を語ったくだりが、彼の『自伝』にある。

「アリーとムアーウィアの頃ならばその争いも理由があったと言えるが、今日ハリーファ職やイマーム職をめぐる抗争はない以上、両者それぞれの派を支持して争うのは意味がない。……今日シーア派とスンナ派の違いは、ハナフィー、シャーフィイー、マーリキーといったイスラーム法学派の間の差のようなもので、抗争を要するものではない。しかし狭量な思考、民衆の感情、宗教関係者の利害、政治問題を宗教色で染めたことなどが、人々の途を誤らせた。

私が『イスラームの暁』を出版した時、シーア派の人々の心には、まずい反響を与えた。学術的な歴史研究と今日の現実生活とは別物と考えていたので、これは私の予想しないところであった。[9]」

彼の『イスラームの暁』におけるシーア派批判のくだりは次のようにある。

「アリーの神聖さに対する信仰は、アッラーの単一性と物的な事柄からは切り離すというイスラームの単純で美しい観念とは食い違っている。幸いに、このようなアリーに関する見解は全員のものではないし、またシーア派の大半の見方でもない。それはその中の少数派、つまり過激派のものである。シーア派は敵対心や侮蔑からイスラームを破壊し、あるいはユダヤ教、キリスト教、ゾロアスター教、ヒンドゥー教といった祖先の教えを導入し、さらには自分の国に対して独立や抵抗運動を望んだ人たちにとっての防空壕のようなものであった。彼らは預言者の家族への愛を、自分たちの要求を隠すための煙幕として利用したのであった。[10]」

こうして一九三一年、イラクへ旅した際には、バグダードで面会したシーア派指導者カーシフ・アルギターから、スンナ派の史料しか使用していないと批判された。そこでアフマドは次作の『イスラームの午前』(一九三三－三六)においては、シーア派の史料を駆使したが、その結果はシーア派批判をさらに強めることとなった。「それは理性的で公正な仕方であった。」[11]

他方彼は、スンナ派も批判していた。それは、預言者は罪を犯さないとする考えや、スンナ派の聖者の扱い方についてであった。そのようにしたのも、「すべて私は真実であると信じたところに従ったのである。」と言っている。[12]

シーア派に関してアフマドが行ったこととして最後に触れるのは、彼がスンナ派、シーア派両派の調停を試みたということである。結局、具体的な成果は得られなかったが、融和会議の開催案を具体化しようとしていた。また「両派融和の日」を設ける提案もした。彼が主宰するカイロの出版団体から、シーア派の学者によるクルアーン研究を出版し、それにアフマド自身が祝辞を寄せることもあった。また右団体とイラク側の同種団体の間における協力関係を促進する提案も行った。シーア派の作家たちはその提案に好意的な反応を示したが、特段の成果を上げる前に時間は無為に過ぎ去り、第二次世界大戦の混乱期へと突入したのであった。

以上アフマドは、シーア派の問題についてはあくまで史実にもとづく理性的、公正なアプローチを試み、批判すべきは批判する、そして同様の基準をスンナ派にも当然適用していた、というのである。そして両派間の融和促進には、ことのほか意を用いようとしていたのであった。そこで次に、息子フサインの本問題に関する寄与について見ることとする。

フサインはシーア派に関しては、イスラーム分派論の脈絡において言及している。彼はシーア派の起源について、アラビア半島南部の部族において、預言者ムハンマドに息子がいなかったので、その娘婿であるアリーが継承すべきであるとの主張が出てきたことが起源であると説いている。しかも彼がそう言う時に強調するのは、その見解は、シーア派のペルシア起源説を主張する東洋学者ドーズィーとは異なっているという点である。(13)

このようなことを強調しなければいけないのには背景がある。その背景とは、父アフマドの諸見解は自他共に認めるように、多分にヨーロッパの東洋学者たちの説を踏襲したものであったのだ。それら東洋学者たちとは、ゴルトツィーハー（独、一九二一年没）、ドーズィー（蘭、一八八三年没）、ヴェルハウゼン（独、一九一八年没）といった著名な碩学の名が挙げられる。こういった碩学とは自説は異なっているということをフサインは強調したということであり、それはなかんずく、父アフマドとは異なっていることを明言しているということになるのである。

アフマドの学説や諸見解は、ヨーロッパのイスラーム研究に大いに依拠しつつ進められたことは公然の事実である。しかしその評価は、おおむね次のように考えられている。「彼の仕事は基本的に選択的である。というのは、彼の同僚たちの判断や諸見解を包摂するのに加えて、西欧のイスラーム史家たちやイスラーム学者のそれも含んでいるからだ。しかし彼は採用した多くの諸説に新たに典拠を示し、最終的には間違いようもなく、彼自身の成果としてそれらを提示しえたのであった。」(14)

以上より言えることは、悪くすると折衷案と勘違いされ、あるいは揶揄されることもあった父親のケースと峻別し、それとの訣別をフサインは意図しているということである。

3 神秘主義（スーフィズム）論

晩年のアフマドは神秘主義への傾斜を強めていた。その着眼点は、主として感情と感性を信仰の深化と浄化の手がかりとするとの観点からであった。神秘主義に見られる感情移入のアプローチに惹かれていたということである。同時にそれは、西欧文明批判を強めていた傾向とも同時並行であった。

一九四五年になると、それが以下のように断食月の講義にも見られるようになった。

神秘主義でも人の天賦の才により信仰を得て、それを確立することは変わりない。しかし科学や理性では達成できず、比喩でしか表現できないような万物融合の世界に入る。それは織物がさまざまな糸で織られてはいても、その違いは部分的表面的であり、全体は一つであり統一されているのと同様である。この目覚めへの過程では感覚が重要であり、その感情に伴うのはあらゆることへの、そしてアッラーへの安寧、同情、力、そして愛情である。[15]

一九四六年には以下のように述べている。

すべての生物、そして世界には魂があるが、それはこの世ではアッラーにより不可視とされているのだ。しかしその魂に触れることは霊操（観想）により可能であり、そうすることにより、その人の価値は向上しその位階も高まる。新時代の世界の指導者は、物質と精神の両方の世界と向き合うべきであり、そうして人の福祉、公正、正義および諸国間の同胞愛に満ちた世界を目指すべきである。教育はアッラーへの愛、並びに人種、国家、言語、そして宗教による差別を解消すべきであるとの信念にもとづいて改革されるべきである。そうすればシオニズム（ユダヤ国家建立主義）もなくなり、あらゆる十字軍現象もなくなるであろう。[16]

最後の断食月講義となった一九四八年には、以下のように言う。

「万物の統合とアッラーとの融合が課題である。この段階に至れば、イスラーム信仰の最終段階であり、同時にムスリムの生活としての出発点である。」[17]

以上のように、アフマドは神秘主義の入感による宗教信仰の方途を非常に高く評価するのであった。もちろん神秘主義そのものを批判する立場は現代イスラームに珍しくないが、アフマドの時代、世紀前半には神秘主義はまだまだ社会生活に深く浸透していたことが窺える。

それではフサインはどうであろうか？　以下のように、彼は神秘主義を客体として語るのみである。

神秘主義には多様な外的影響が及んでいた。例えば、キリスト教からは禁欲であることや羊皮の服、ギリシア哲学、ウパニシャッド哲学、ヨーガ他のインドの経典などである。そして神秘主義はスンナ派、シーア派を通じて広く浸透したものであること、またそれは外的表面上の儀礼ではなく、内面の信条を問うといったかたちでイスラームに独自の貢献をしたことが特記される。とくにアッバース朝時代に、イスラームが特定の神学者に集中して、人心が真の信仰から離れがちだった時代でも、イスラームのあるべき姿を示し続けたのであった。そしてそれが神秘主義の一番健全な時代でもあった。その後は、そこへ多数の塵芥がたまり続け、その浄化については例えばイブン・タイミーヤ（一二六二－一三二八）などが奮闘することとなった。

こうしてフサインは神秘主義に関して、アフマドとは異なり感情移入により信仰を確立するという側面には全く言及せず、むしろアカデミックな範囲にとどまり議論を進めたのであった。しかし父子関係との関連で注目されるものがある。それは、神秘主義は圧倒的にイスラームの腐敗と逸脱への途となった時代が長かったが、フサインはそれにもかかわらず、当初の建設的で積極的な時代に言及し、その貢献について明言しているということである。「神秘主義はイスラームの一部か?」と題する論文において、フサインはむしろ論調として肯定的に神秘主義を評価しているのである。[18]

そうする時に、八〇年代の過激派が神秘主義を盛んに攻撃してやまなかった事実を思い合わせる必要があろう。さらにはそうすることにより、フサインは父アフマドと神秘主義に関する評価において、互いに正面衝突することを回避していることも十分考える必要があるのである。それこそは父子間の思想における微妙な相互関係と交流の事例を示していると言えよう。

シャリーアの適用

上記の宗教信仰やイスラーム諸学の分野と異なり、このシャリーアの分野は息子フサインが主に活躍した分野であった。ただし特筆の必要があるのはすでに見たように、父アフマドは、儀礼と法は異なる環境においては差が生じる、しかし不可視のアッラーのメッセージについては梯子の位階の差があるだけだ、と述べていたことである。この言葉は、イスラーム法は歴史的条件にしたがって解釈すべしとするフサインが、シャリーアの議論に関しても、やはり父親の系譜を受け継ぎつつそれを発展させたことを示している。

写真18　フサイン著『シャリーア適用への呼びかけ』1985年

もう一つ注目したいことは、過激派と論争の焦点となるシャリーア適用の議論は、一見法律論のようであるとしても、実際は全くそうではなくて、それは完全に政治問題化しているという点である。シャリーアは一般的にはイスラームの法律と解されるものの、それ以上の詳細な定義さえも十分行われていないままで、とくに過激派において舌戦がかまびすしく行われているというのが現状である。シャリーアはこの世とあの世、両方に関連していて間口は広大であり、したがってその規定や解釈も伝統的に実に多様なのである。

これらの諸要素を念頭において、以下においてまず全体像を得るために、フサインの議論を三点にまとめてみる。

（1） シャリーアは伝統派が主張するように、そのまま全体的に適用することはできないが、他方でトルコのように完璧に廃棄することもふさわしくない。その真髄は尊敬されて適用されるべきである。預言者の伝記を歪曲したり、預言者伝承を改変したりしたのは、後代、敵からイスラームを守る必要が生じたからである。しかしそれらの変更はイスラーム信仰を捻じ曲げこそすれ、その信仰を強化することにはならなかった。

（2） シャリーアの不動の諸原則が何かを確定するのは、ムスリム全体、とくに歴史家の責務である。当初そうであったように、法解釈の自由さ（イジュティハード）の門は開かれていなければいけない。これらがシャリーア適用の前提である。シャーフィイー学派が法源の一つとして導入した総意（イジュマー）は、法学者たちが自らの立場を守るために勝手に作り出すので、法律運用の基準にはなりえない。彼ら法学者たちも、シャリーアと欧米流の実定法が互いに補い合うために、立法作業に参画すべきである。

（3） クルアーンには法的な規定は八〇を超えず、そのため穴埋めをする規定が長年の間に多数蓄積されている。それが狭義のシャリーアであるイスラーム法学（フィクフ）であり、それは矛盾に満ちた産物であり、時代の環境に即して変化させるべきである。例えば、預言者の時代の砂漠生活にとっては雌ラクダを奪うことや、羊皮の水入れを盗むことは、部族全員の生命にかかわる重大事件であった。そこで、その犯人の手を切るような厳罰が定められたのだ。だが、時代は変化する。そこで歴史的相対主義が、クルアーンや預言者伝承を解釈するうえで必須の要素になるのである。

以上は要約であるが、以下では少し議論を詳細に見ることとする。

正統ハリーファの時代はまだ預言者の時の慣行が生きていたが、その後ウマイヤ朝になってからは、ますます外来の要素が混入してきた。それはローマ、ササーン朝の法慣行、その他各地の慣行（ウルフ）である。また同時に、シャリーアを敬うという観念は支配的となった。そこでシャリーアの文面と正面から衝突しないための回避策として、実際的な「知恵（ヒヤル）」と称される書き物が、とくにハナフィー学派とシャーフィイー学派の間では多数出回ったりした。それによると例えば禁止された利息を回避する方法は、売った物を一定期間の後、より高価な値段で買い戻すことを約束する予約売買がそれである。これは実質上、利子と同じことで

あることは、誰の眼にも明らかであろう。(19)

それでは一体、シャリーアとは何なのであろうか？　クルアーンの六〇〇〇もある節のうち、法的な性格の規定は八〇しかないが、それらにしても規定ぶりは非常に一般的であり、とても実際生活の現実の機微に及んだ裁定は不可能である。戦争法規や政治制度はとくに少なく、不明瞭である。したがってシャリーアの解釈や実践には、多様なケースが見られるようになった。例えば奴隷が財産を所有できるか否かの点については、マーリキー派ではそれは可能とする。というのは、その派の多くの人はアルマディーナという非常に平等観にあふれる地域に住んでいたからだ。しかしメソポタミア地方の人は、奴隷の財産所有権は認めなかった。彼らはローマ帝国の慣行に慣れており、ペルシア人に対する平等観なぞ持ち合わせていなかったからである。

シャリーアの第二の法源である預言者伝承の多くは、法学者たちの総意によるものであることが、さらに問題を複雑化させた。したがって後代に発達するイスラーム法学（フィクフ）は、かなりの矛盾した規定を抱え込むこととなった。こうした次第であったので、例えばアッバース朝の時代になると、シャリーアと現実との間には大きな距離があることとなり、それを恐れた法学者の多くは裁判官職に就くことを拒むようなこともあったのである。(20)

フサインの以上のような預言者伝承の正確さに関する史的批判は、過激派の一番非難する点であった。しかし彼の真実追究の手は休まなかった。彼が偽作の根拠になったとしてしばしば引用したのは、原典主義で知られたイブン・タイミーヤの次の言葉であった。「シャリーアの正しく伝えられた言葉は、常に理性的で正しいところに合致する。」[21] アルブハーリーにしても収集した七〇万件の伝承のうち、正しいとしたのは七〇〇〇あり、そのうち約四〇〇〇はダブっているので、残るは三〇〇〇しかない。これは全法体系を構築するには、極めて少ないと言わざるをえない。そこで現在生きているわれわれの力で、変化する環境に合致した体系を創出する必要があるのである、とした。

イジュティハードに関しては、自由主義者固有のものの言い方だが、「イジュティハードの門を閉じるのは、懐疑精神の自由の圧迫であるが、懐疑こそは科学、思想および文明の発展の自由の基礎である。」としている。[22] 商法関係や民法関係はシャリーアの中でもかなり改定が加えられてきているのに、過激派はそれを看過し、泥棒の手を切り落としたり、強姦に対しては鞭打ちの刑に処するなど、刑法がらみばかりをそのまま適用しようと主張する。それは明らかに、シャリーア適用の象徴的な意味とデモンストレーション効果をそこに込めているからにすぎない、と指摘する。

الاجتهاد حق هو أم واجب؟

写真19　フサイン論文「イジュティハードは権利か義務か？」
アルムサウワル誌、1985年6月21日

女性の権利も新たな光の下で見直されるべきだと主張した。例えば二人の女性の証言が一人の男と対等な法的効果を持つとされるが、それは社会的に隔離されていた時代の女性が前提となっているにすぎない、とする。またクルアーンを初期に解釈した人たちの多くがペルシア人だったために、それまでペルシアの習慣であったヴェール着用があたかもクルアーン上の義務であるかのように見なされたにすぎない、と論じた。

こうしてフサインはシャリーア解釈の構造的な困難性を指摘する一方で、その中から諸原則を抽出するのはかなりの研究を要する、と主張する。それは理性の働きと歴史の知的な理解を必要とするのである。しかし昨今の過激派の若い連中は、そもそも勉強をそれほどしていない、と言う。イブン・ハルドゥーンはこのような法律の歴史的に変化するという性格を正しく理解した数少ない学者であった、とした。

最後に改めて別の要約が、フサインの発言の中に見出しうる。それは一九八三年、ベイルートで開催されたセミナーにおいて、伝統派の中では柔軟派とされるターリク・アルビシュリーのシャリーアに関する講演のコメンテイターとして登場した際のものである。以下にフサインの発言の模様を記したい。(23)

「変貌するこの世の事柄の中に、不変のアッラーの意思の真髄を見出すことが重要である。一九世紀以来、西欧の法律を多数採用してきたこと自体、シャリーアの不備を物語っている。それは植民地主義のせいばかりではない。子供の服は最早大人には合わなくなったという諺どおりである。」

以上、フサインのシャリーア論の要点を展望してきた。その特徴点は、シャリーアの真髄は不変であり、それを抽出するには高度な作業を必要とする。他方で、現世に対して適用されるほとんどの法的規定はそれ以上に多数に上るので、人の理性とシャリーアの歴史的理解にもとづいて定められてゆく必要がある、とするのである。こうしてシャリーアは全面適用ではなく、他方で完璧に廃棄するのでもない、という中間路線を説いていることになる。これを仮に中道派とするならば、その点は結局、父アフマドの立場と軌を一にするものである。

なぜならば、アフマドの綽名は、「中道派」そのものであった。まず、イスラーム改革者ムハンマド・アブドゥフの弟子たちの中で、アズハルのウラマーたちのような保守派とラシード・リダー（一八六五－一九三五）のような急進派の間にアフマドはあったと評価されて、「中道派」と呼ばれている。[24] さらには、有名な作家としてすでにルネサンスの雄の一人として言及した、アッバース・マハムード・アルアッカードは、アフマドを称して「中間学派」とも称したくらいであった。[25] 中道や中間は、中庸がイスラームの倫理観で高く評価される徳目となっている以上、アフマドもまんざらではなかったと推定される。そしてフサインも同様に、シャリーアの議論においては、この中道を行くとの父親同様の姿勢を示しているのである。

注（1） フサイン・アミーン『悲しいムスリムの導き』カイロ、一九八三年、三三－三五、一七六－一七八ページ。フサイン・アミーン「問題と解決―改革の端緒」アルムサウワル誌、一九八三年一一月一八日、六四－六六ページ。

（2） アフマド・アミーン「ヒラー洞窟にて」アッリサーラ誌、一九三七年四月五日。『溢れる随想』

第二巻、二九六－三〇〇ページ。
(3) アフマド・アミーン「精神生活」アッサカーファ誌、一九四三年九月七日、一四日、二一日、二八日。『溢れる随想』第五巻、一－二六ページ。
(4) アフマド・アミーン「精神生活」アッサカーファ誌、一九四四年八月一四日、二一日、二八日。『溢れる随想』第六巻、四五－六〇ページ。
(5) 前掲書『自伝』二一一ページ。
(6) フサイン・アミーン『宗教的潮流に対する文明的立場』カイロ、一九九四年、一二三ページ。
(7) 前掲書『悲しいムスリムの導き』カイロ、一九八三年、三七、三八、五四ページ。カー『歴史とは何か』清水幾多郎訳、一九五九年、岩波新書。
(8) フサイン・アミーン『シャリーア適用への呼びかけ』カイロ、一九八五年、二六五－二七五ページ。
(9) 前掲書『自伝』二〇〇－二〇一ページ。
(10) 同掲書、二七六ページ。
(11) 同掲書、一七三ページ。
(12) 同掲書、一七三ページ。
(13) 前掲書『悲しいムスリムの導き』一三九ページ。
(14) ナダヴ・サフラン『政治的共同体を模索するエジプト』ハーヴァード大学出版、一九六一年、一六二ページ。
(15) アフマド・アミーン「精神生活」アッサカーファ誌、一九四五年七月三〇日、八月六日、一三日。『溢れる随想』第七巻、二七－四二ページ。
(16) アフマド・アミーン「精神生活」アッサカーファ誌、一九四六年八月六日、二〇日、二七日。

『溢れる随想』第七巻、三二一-三七、二九〇-九五ページ。
(17) アフマド・アミーン「イスラームにおけるアッラー」アッサカーファ誌、一九四八年八月三日、三ページ。(『溢れる随想』には収められていない。)
(18) 前掲書『悲しいムスリムの導き』九一-一一四ページ。
(19) 前掲書『シャリーア適用への呼びかけ』五二-五四ページ。
(20) フサイン・アミーン「シャリーアの裁判官たち」アルムサウワル誌、一九八五年六月一四日、三一-三二ページ。(『変貌する世界におけるイスラーム』所収、一九八八年、三一ページ。)
(21) フサイン・アミーン「不信仰だとして非難する(タクフィール)なら、頭を使って考えろ(タフキール)」アルムサウワル誌、一九八四年二月二四日、四三-四五ページ。
(22) フサイン・アミーン「イジュティハードは権利か義務か?」アルムサウワル誌、一九八五年六月二一日、七六-七七ページ。(『変貌する世界におけるイスラーム』所収、七六ページ。)
(23) 「アラブ世界における伝統と現在の挑戦に関するセミナー」アラブ統一研究センター、ベイルート、一九八五年、六一七-六五〇ページ。(『変貌する世界におけるイスラーム』所収、フサイン・アミーン「シャリーアと実定法の間の法的問題」二二七-二三六ページ。)
(24) デトレフ・ハーリド「アフマド・アミーンとムハンマド・アブドゥフの遺産」イスラーム研究誌、九、一九七〇年、一-三一ページ。
(25) アッバース・マハムード・アルアッカード「中間学派」『芸術と憂鬱』ベイルート、一九七四年、三三-四四ページ。

第5章　文明論

挑戦としての西洋文明

イスラームの伝統文化と社会に対して、西洋文明が挑戦として写る様子は、日本を例に取っても理解に苦しむことはあまりないであろう。しかしイスラーム社会に関しては二つ特記しておきたいことがある。

一つは、近代西洋の力が中東アラブに対しては、植民地主義として登場したことである。日本はむしろアジアでは加害者とはなっても、被害者となることはなかった。だが被害者の置かれた状況と苦渋を、十分念頭に置いて本章の議論を見てゆきたい。

二には、イスラームの大きな枠組みと歴史的自負心という点である。イスラーム文明のほうが、一時は西欧よりも強くて進んでいたという歴史の重みは大きい。それだけに西欧に追いつくべしという課題は重い反面、焦燥感が伴い、また一体何が間違っていたのかという疑問と自省心が付きまとって離れないのである。それは時に迷いとなって、あるいはまた手段と目標についての意思統一に手間取るという現象が、日常茶飯事ということになる。植民地主義の桎梏から脱した現在ではあるが、その後遺症と重なりつつ、迷いの兆候はいまだ克服されていない。

以上の課題を背負いつつ、全体としてはアフマドとフサインは基調を一にする文明論を展開したが、まずはその概要を把握したい。おのおのが生き抜く時代を反映し、他方その時代に対して能動的な働きかけもするのであった。

議論の概要

アフマドが文明のテーマに関して書きはじめたのは、一九三〇年代半ばであったが、それは彼の執筆量自体が増えてきていた時期であった。初期のものとしては、「文明の虚偽」がある。(1) その後一九三九年には、彼の主要な論点となる東洋の精神主義と西洋の物質主義というテーゼが登場する。(2) この間、彼の西洋文明批判の論調は強まるが、それは当時の潮流の一翼をなしていた。他方彼は最後まで、西洋文明そのものを唾棄しようとするのではなく、一九四九年に至っても西洋の科学に基礎づけられて文明を構築すべきであると論じていた。(3)

その後一九五五年、彼の死去直後に出版されたのが、本主題に関する一番包括的なまとめで

写真20　アフマド著『東洋と西洋』1955年、初版本

ある、『東洋と西洋』という珠玉の書物であった。その中において、彼は一切イスラームという言葉は用いずに、人類社会の目標として精神性に富んだ、「人間的な文明」の建設を唱導したのであった。また同書で大切なことは、東洋と西洋という二分法を乗り越えたという点であるが、詳細には以下の節で述べることにする。

一方フサインは、ムスリムは自らの混乱と停滞の責任を認めることから始めなければならないと論じた。いつも他人に責めを負わせる傾向は戒めるべきで、昔はタタール人やオスマーン・トルコ人を責めて、今はそれが西洋に責めの刃が向けられるようになった、とする。また西洋に学ぶことは、その姦計に陥ることだと考え、したがってイスラームに反していると言う人もいる、しかし問題は宗教の甦生とその伝統と遺産の再検討にあると主張し、この過程すべてに、イスラームが主要な役割を果たすべきである、とした。

一九九四年発刊の、『宗教的潮流に対する文明の立場』において掲載された主要論文は、「ヨーロッパ文明に対するアラブ・ムスリムの立場」と題されている。さらには、一九八三年に発表されたムサウワル誌の三本連続の長編論文、「問題と解決」も収録されている。他方で、東洋と西洋という父アフマドの好みのテーゼ自体は、一九五二年のナセル革命時以来、一般に論評の世界ではすっかり下火となったことを反映し、フサインは一切言及しなかった。

用語の定義

フサインは特段の注意は払わなかったが、アフマドは文明構築の場として、しっかり「世界」の定義から入っている。それは東洋と西洋に分けられるが、地理的な二分法ではないとしたところに興味が惹かれる。

「西洋の特徴は、機械化、貿易、民主主義の進歩、固有の文学的芸術的様式――それらは哲学的というよりは実際的だが――、相当の自由を享受する婦人への敬意などがある。東洋の特徴は、相互の信頼、全体主義的傾向、商売のしつこさ、限定された婦人の権利、迷信などである。

こうして定義すると、地理的な配慮は無用になる。例えば日本人も西洋人的特徴を獲得したその程度に応じて西洋人であるし、逆にヨーロッパ人も東洋的特徴を身につければそれだけ東洋人であるということである。かくして地理的ではなく、東洋と西洋の質に従っていずれに属するかということが問題になる。そこで西洋文明を語るときも、東洋との対決に至らしめた文明ではなく、西洋文明の質を保有する諸特徴のことをわれわれは語っているのである。……われわれが（諸文明や諸民族を）区別する時は、自然な性向と心の枠組みに拠るのである。[4]」

このような区分の仕方によって、アフマドは、諸文明は互いに学ぶことができるのであり、したがって東洋は西洋から習得するのみならず、新たな側面を追加することによりさらに発展させることも可能だと強調する。またこの区分法によりアフマドは、以下に見るように地理的な区分よりも議論の幅を広げ、問題を一般化することも可能となったのであった。

次いで「文明」の語義に関しては、『東洋と西洋』の第2章から第10章までのタイトルがその用語の語義の広さと深さを示していると思われる。そこからは、われわれが今日現在日常使用している内容と、さほど違いがないことが浮かび上がってくるのである。

第2章　全体主義と民主主義
第3章　教　育
第4章　東洋の運命と定命対西洋の原因と結果
第5章　社会生活
第6章　東洋と西洋の経済生活
第7章　個人と家族
第8章　婦　人
第9章　模倣対刷新
第10章　東洋と西洋の道徳的価値

「文明」（ハダーラ）とは別途、アフマドは「文化」（サカーファ）について以下のとおり、精神面に限って言及しつつ定義しているので、一応参照しておきたい。

「文化の枢要な価値は、それがわれわれの物事の見方に影響し、それらのより新しくより真実な評価に資するところにある。そこで一つの宗教がそれ以外の宗教より良いとすれば、それは神や生活の見方に関してどれだけ向上させてくれるかにかかっているし、ある知識が他のより良いとすれば、それは高くて正しい見解にどれだけ導いてくれるかということによる。

人の文化程度は、どれだけ読書し、どれだけ科学や文学を知っているかということによるのではない。重要なのは、知識がどれだけその人に対して（素養を）提供するか、ということであり、またその人の世界に関する見識がどれだけ高いか、ということであり、芸術がどれほどその人に、優れた繊細さと審美的な感性を与えうるかということである。」[5]

西洋近代文明について

こうして「文明」の持つ語義については、相当範囲が確定されたかと思うが、次に西欧近代文明に関するアフマドの見方を検討したい。

『東洋と西洋』において、彼はシュペングラーの古典的著作『西洋の没落』から次の引用を挙げている。

「信仰の喪失から、人は心の平安を失い、その代わり科学的猜疑心が広まった。同様に、人は精神的なものを忘れて、物質的なものを重視した。そして永久の現実という幾世代にもわたる証拠が求められるものよりは、もっと入手が容易な現実に頼ることとなった。」[6]

右の引用文は西洋の文献に出ているものであり、それだけにアフマドの思想を大いに刺激したに違いない。彼自身は西欧近代文明に関して、次のように語っている。

「一九世紀の間、人々は世界の着実な進歩を信奉し、未来に自信を持って考えていた。しかし二〇世紀に入るとすべてが変わった。人々はすべてに猜疑心を持って、信仰を失った。科学者はすべての理論を疑って、悲観論が広がった。しかし人々はどうしてそれほど悲観的にならなければならなかったのであろうか。大変な成果も上げていたのであった。ちょうどそれはギリシア神話プリュギアの王ミダスのようなもので、触るものすべてが金に変わるのはよかったが、パンも食べられなくなったのであった。」(7)

アフマドの以上の懸念もさることながら、彼には拭い難い底流として西洋に対する反発心も流れていたと言わざるをえない。このような心理には、それなりの歴史と構造があり、それは多くのアラブ・ムスリムに共有されている事柄でもあるので丁寧に見直しておく必要がある。イスラームと西洋の不幸な出会いという意味で、次のように彼は述べている。

「イスラームと近代文明の協調を図るすべての試みは、現在までのところ失敗に終わっている。というのも、近代文明のアプローチは刀と砲火によっていたからで、それは説得と利害観念にもとづいていなかったからである。それは新しい発明と科学技術を片手にし、もう一方の手には搾取と植民地主義を携えていたのだ。もしそのようなアプローチでなければ、ちょうどギリシア、ペルシア、トルコの諸文明を受け入れたように、イスラーム側にとって憎悪に満ちたものではなかったであろう。さらには、十字軍の時から今日まで、熱狂的なキリスト教徒が手を下して侵害していた事情もあった。最後にムスリム側は、心理学で言う劣等感に見舞われていたこともあった。(8)」

右の個所はいわば全体像であるが、憎悪の構造を三つの階層に分けて確認しておきたい。その第一は、十字軍症候群とも言うべき現象である。それは十字軍の闘争精神はいまだに生きていて、いつどのような形であれ再来するに違いないという警戒心と恐怖心の混合である。

「キリスト教徒たちはいまだにムスリムに対して敵対的で、その手中からパレスチナの土地を取り上げようとするユダヤ人を支援している。十字軍の精神は、あたかも土壌の中に火が隠されたように、まだ燃えている。……キリスト教徒はまだ狂信的で、イスラームを侮蔑と憎悪すべき宗教的狂気で敵視している。……国際法はイスラーム諸国をキリスト教諸国と同等に扱っていない。西洋が批判し禁止する東洋の狂信は、西洋では慈恵あふれる民族的配慮とされ、聖なる民族主義とされ、賞賛される愛国主義であるともされる。西洋では誇り、栄光、愛国主義、国家的名誉とされるものを、彼らは同じものを指して、東洋の熱し過ぎ、迷惑な盲目的愛国主義、西洋人に対する軽蔑と反発であると言うのである。(9)」

第二の階層は、近代の植民地主義とパレスチナ問題の混迷である。もちろんこの階層も第一のそれと連動しているが、さらに追加された要素としては第二の階層を通じて、アフマドには西洋に騙され裏切られたという更なる憎悪の原因が積み増しになったという点である。『自伝』において彼は、一九四六年、ロンドンのイギリス外務省で開催されたパレスチナ問題円卓会議に出席した時の模様を、開いた口がふさがらないといった調子で書いている。

彼はその会議にエジプト代表として全面的に参画した。激しい論議の後、アラブの陳述は十分聴取したのでその検討結果は後日通知する、そして必要があればまた会議を再開すると、突然イギリス側が一方的に告げて閉会となった、と述べている。この顚末に対する彼自身、あるいはアラブの反応についてアフマドは何も触れないで、ただそのショックの様を伝えるのに、次のように記すに止めた。

「そしてこれで終わりで、グッド・バイと別れの挨拶をしただけであった。[10]」

第三の憎悪の階層は、西洋はイスラームを誤解し曲解しているという点である。意図的な曲解は言うに及ばず、悪意のない誤解であってもイスラームに対する中傷や侮蔑の口実を与えてしまうとなれば、結果として同じことである。

「ヨーロッパ人の中には、イスラームが拡大したのは、片手にクルアーン、もう一方の片手に刀を持って、領土拡張したからだ、と主張する者がいる。ところが刀の使用は自己防衛のためであり、拡大は伝教と説得によったのだ。……東洋学者の中には、イスラームは頑固で祖先の伝統にしがみついていて、理性を使わないと非難する者がいる。しかしクルアーンの法的な部分は、立法の必要のために最大の注意を払って伝えられてきたが、それらはせいぜい百を越えない数である。他方において、どの時代をとってもそこでは、何千もの出来事が生起していることは周知のとおりである。（著書注：したがって、新たに法を設けなければいけないので、東洋学者の言っていることは当たっていない。）」[11]

次に息子フサインのほうに目を転じて、どれほど上に見た西洋に対する敵愾心がまだ残存しているかを見ることとする。まず彼の指摘の中から、注目される諸点を見てみよう。

西洋について書き記した二人の人物を彼は取り上げている。一人はウサーマ・ビン・ムンキズ（一〇九五－一一八八）で、彼は対十字軍の司令官であったが、『考慮の書』を著した。もう一人は、近代の歴史家アブド・アッラハマーン・アッジャバルティー（一七五六－一八二五）であり、『驚きの遺産の書』を著した。両者とも西洋に対する敬意は持っているが、前者は寛容と容認の気持ちを持って西洋を下に見ている、しかし後者は、西洋が圧倒的な力を示しながらも、不信者の集まりとしてそれを非難している。フサインの主張は続く。その圧倒的勢力ゆえに、ムスリムはそれから学ぶことがあたかも西洋の姦計に陥ると錯覚し、したがって信仰に反すると思ってしまうのだ、もしこのような心理的な問題や間違った猜疑心や自信喪失がなければ、今日現在のイスラームは異なっていたであろう、二〇世紀に至り西洋が精神主義喪失を含めて、その欠陥と誤りを顕わにしだした頃に、それ以外の世界が西洋から学び始めることとなったという歴史の展開は不幸なものであった、と結んでいる。(12)

ムスリムはいつも自らの困難を対外的な原因になすりつけたがるが、昔はそれがタタール人やトルコ人であったのが、今では西洋に代替わりしたのだ、とする。そこでフサインによると、ムスリム自身がイスラームを弱体化した原因には次のようなものがある。

内部からの圧政、イジュティハードの門が閉じられたとの難癖、善意からではあっても預言者伝承の偽作、他宗教でも散見される原典よりはその解釈への傾斜などである。奇妙な習俗が持ち込まれたことも関係する。例えば魔除けのザールと呼ばれるエジプトの慣習、聖者の墓参、アフリカに見る朝の礼拝時を告げるという鶏信仰などが上げられる。あるいは、ペルシアの正月の日に第四代正統ハリーファのアリーが就任したとされること、さらにはレバノンのスール市で見られる墓参はマアシューク師のためだとされるが、同師はイスラームではなくて、フェニキア神話のバドーニス・マアシュータ・アフロディーテーに由来することなどである。

以上のようにムスリム自身でイスラームを毒してきたので、その責めは他に転嫁できないと明言したのち、さらに自らに厳しい発言として、フサインは次のように言う。時間と富を浪費するという世俗主義のもたらしたものをムスリムは西洋から学んだが、日本人は効率の良さ、学び作り発展させる勢いを学んだのだ、と。[13]

さらにその四年後、フサインはイスラエルの英語学術雑誌「季刊エルサレム」において、ムスリムの責任論を展開した。[14] 今一度、その整理されたところを一瞥しておこう。「ムスリムの後進性と没落について、自らが完全に責任を負わねばならないところを列記しよう。

●商業と産業を害する内部的な統治の失敗と軍事競争。

●イブン・タイミーヤ、イブン・カイイム・アルジャウズィーヤ、アルアフガーニー、アフマド・アミーンなどのムスリム思想家たちの改革努力にもかかわらず、イジュティハードの扉が閉められたとされ、ウラマーたちが民衆から離れたこと。

●刷新は異端であり、変更への呼びかけは反乱であり、新たな発展は固定したルーティーンの無秩序な中断で、慣れ親しんだ生活からの不愉快な離脱であるとの固定観念に執着したこと。
●知的停滞と、伝統的な知識と近代的なそれとの分離。シャリーア学者（ファキーフ）は見下され、脳足らずで馬鹿の代名詞（フィキー）となったほどだ。
●時の流れに関係なく、預言者伝承は不変であり、すべてのイスラーム社会に適用可能とされた。新しい政治的社会的状況に適用するために、多くの言葉が預言者のものとされた。こうして伝承は捏造された。
●ウラマーたちが社会生活から乖離し実際的でなくなればなくなるほど、民衆は神秘主義に流れた。他方で教育を受けた人たちは、その近代的需要を満たすために西洋に流れることとなった。
●一〇世紀以降は、神秘主義は崩壊し始め、その創造的時代は終わった。その倫理観が、政治の専制と強制的服従を容易にさせた。
●外来の信仰がイスラームに混入した。とくに聖者信仰は問題だ。イスラームにおけるあらゆる革命の動きは宗教色を帯びて、当該の宗派によるクルアーンの再解釈と預言者伝承の捏造を伴った。
●ウラマーたちが言うように、結局のところアラブの歴史家たち全員が、歴史叙述の目的はイスラームの教えを伝え道徳的教育をするためであるとする。しかしこのような態度が、過去を表面的に美化し、正当化しえない郷愁の原因となった。

●日本人のようには、ムスリムは西洋から生産性、科学的精神、建設意欲を学ばずに、ただ消費、ファッション、最低レベルの娯楽を身に付けただけである。」

以上、父子による文明論を一望した。両者に共通していることは、西洋文明には欠陥部分があること、とくに精神面の欠点を認めているということである。しかしながら、論点の比重では異なっている。アフマドはとくに晩年において、西洋文明に対する憎悪をしきりに語った。フサインは西洋文明の欠陥ではなく、また憎悪でもなく、ムスリム自身の欠点、腐敗、後進性などについての自らの責任論が主となっている。そして両者共に願望するところは、イスラームの真正な信仰とその文明の蘇生以外にはないのである。

それではフサインは本当に西洋への憎悪を克服したと言えるのであろうか。いま少し父子それぞれの時代背景を振り返る必要がある。アフマドは二〇年代から三〇年代前半には、当時の自由主義者と同様の立場にあった。つまり西洋からは良いものは取り入れようとし、いわば是々非々進取の気性に満ちていた。もちろん時に、イスラームの伝統故の誇りと自負心がうごめくといった愛憎同伴の状況も、一般に見られた事象であった。それが思潮としてアラブ・イスラームへの傾斜が強くなった三〇年代後半から以降は、西洋批判、さらには憎悪の表明に繋がったと言える。

他方フサインにとって時代の流れは大きく異なっていた。二〇世紀も八〇年代以降は、過激派が大手を振って反西洋文明を喧伝してやまなかったのであった。その中で、フサイン、あるいは広く自由主義者の立場は、アフマドらが三〇年代後半以降に取った立場と同一ではありえなかったのだ。この状況が、いわばフサインをして、アフマドの活動の前半期とほぼ同様な態度を西洋文明一般に対して取らせる結果となったことは看過できない。

それでは一体、エジプトの過激派傾向が収まった将来を想定しても、フサインら自由主義者たちは不変なのであろうか。これは将来の予測に属するが、その構造的な可能性を明らかにすることは学術的に許されるであろう。

とくにその予測の結果として、先々事態は予断を許さないということになるとすれば、それを捨て置くわけにはゆかないだろう。つまり底流として否定できない対西洋文明への敵対心、憎悪がまたぞろ頭をもたげるのではないかという懸念である。この底流が絶えない原因は、西洋文明では人の精神面の手当てができていないという不満と確信が消えていないからである。

それはイスラームについての自信の裏返しでもある。さらに言えば、アフマドに見た対西洋文明憎悪の構造である三階層――十字軍症候群、植民地主義の残滓と悪化するパレスチナ情勢、イスラームとイスラーム学への西洋による誹謗中傷と曲解――は、ほぼその原形をとどめているのが現状であろう。

とにもかくにも引き続き事実として重視されるのは、二〇世紀末までにおいては愛憎同伴の状況に大きな変化はなく、それは大なり小なり自由主義者も含めて、多数の人々に不可避的に共有されているということである。

新文明について

西洋文明に対する反発と敵愾心がアフマドによって表明されたが、最終的にそれは過激化することはなく、また彼の主要な思想上の特徴にはならなかった。その理由は、彼はいくつかの論考や『東洋と西洋』という著作によって、より一般的で建設的な議論を展開したからであった。そこで以下では、彼の新文明構築に関する議論を、フサインが諸問題解決へ向けて持ち出した諸措置と合わせて検討したい。

まずアフマドであるが、西洋文明の成果を認めつつも、新しい文明によって十分に精神主義を取り入れた人間的なものを構築する必要を説くのである。そして精神主義は東洋のほうが西洋よりも充実している以上、新文明開発の責任は東洋にあり、ということになるのである。激しい議論が見られた『イスラームの一日』においてさえ、彼は次のように新文明の三要件として、西洋との対峙を

写真21　アフマド著『イスラームの一日』1952年

上げていないのである。

（1）個人の価値と社会貢献の高揚
（2）科学にもとづく生活の樹立
（3）人類の福祉に対する同情を持つ心の復権[15]

また彼はさらに、次のように『東洋と西洋』で、繰り返しながら敷衍している。[16]

（1）東洋と西洋の区別は地理的なものではない。

（2）近代以前の過去の民族や諸国家からも学ぶべき要素はある。

（3）近代文明が完璧であるとは決して言えない。われわれが望む文明は人間的なものである。それは愛国主義や民族主義に支配されないものである。……後進国が追いつくまで、その道のりが容易であるものである。

（4）東洋こそが新文明を切り開くべきで、そうすれば世界が裨益する。平和が戦争に代替し、協力が競争に代わり、理解が強制に取って代わるのである。

これからの新文明に期待されるのは人間性であり、それは東洋のほうが西洋よりも充実しているので東洋が推進すべきである、そもそも文明には完璧というものを期待するのではなく、時代の変遷によって従前の文明に足りないところを補充するのが文明変遷の鉄則であるとし、アフマドは議論をさらに以下のように展開する。

「文明というものは、以前のものの利点を継承し、他方で欠点を避けるので、それはいずれ完璧になるものだと考える人が少なくない。……しかしその考え方は、ヨーロッパ文明はそれより以前のものから吸収し、欠陥を除去したので自らのそれが最高だとする幻想の反映でしかない。私見によると、文明は人の前進に対して新たな方向性を与えるだけである。……それぞれの文明は、当該の人たちが必要とするものを供給するのである。」(17)

こうして新たな文明が叫ばれているが、しかしその割にはその実現への具体的な方策については、ほとんど論及されていないのである。次のような言葉が出てくる。

「東洋の指導者は西洋文明の良いところは選び、悪いところは拒み、またできれば古代の文明からも得られるものは得るべきだ。こうして格別、東洋でもなければ西洋でもない特徴の文明に到達する。」(18)

右に言う指導者については、新しい文明の導き手として卓越した人材でなければならず、天才の登場が大いに期待されている。

「近代には天才がいなくなった。昔なら、低いレベルでも通ったかもしれなくて、後でいろいろ付け加えられた逸話がますますその天才を祭り上げることにもなった。公平に見れば現代にも多数の才覚ある人たちがいるに違いないが、社会的に発展した今となっては、抜きん出ることは難しくなったのだ。ナポレオンであっても、今生きていたのなら偉大ではなかったかもしれない。」(19)

このように一気に諸問題を解消してくれるような天才や偉人の登場を期待する気持ちは、前章で見たように、イスラームの蘇生を念じて論じる中で、偉大な思想家を期待するとフサインが結んだ思考パターンと重なってくるものがある。双方とも理想はあるが、それに至る具体的方策を検討してその結果を提示しなければいけないという衝動があまり働いていないという指摘は成り立つであろう。いずれも天才登場の期待は膨らむが、後は頼んだと言わんばかりである。

アフマドの文明論の特徴として、地理的ではなく、東洋と西洋の特質で区分するという発想がまずあった。そして諸文明は、従前の社会における欠陥を埋めるべく次の文明が生み出されるのであって、したがってその動向はどこまで行っても過ちを免れない人間が行う蛇行的な努力であり、ひたすら完璧さが達成可能であるかのように考えて上昇や前進のみを念頭に置く、進化論的発想ではないのである。

また西洋文明のさまざまな成果を認めつつも、そこには弱点や欠落部分があり、それは精神性であるとした。今や人々が求めるものはまさしくそれであり、したがってそれを充足する新たな文明を希求することとなるのである。そこで精神性をより満たしている東洋にこそ、そのような新文明構築の責務があるという結論となっていた。

彼の同時代人の論客の多くは、東洋の概念に地理的に固執する中で、アフマドの考え方には人間性追求の独自性があったと言える。またそれは、人間の精神性の蘇生を希求するが、イスラームそのものだけを念頭においているのではなく、より広く人類文明を前提に語ったものでもあった。このような見識の高みに至らしめた契機と要因は何であったのか？ 誰しも問いかけたくなるところであろう。

その要因として第一には、彼の中立的で客観的な思考と価値判断を維持するというパターン、言い換えれば学究的な性向が挙げられる。その『自伝』の中で、彼はしばしば自分の性向は研究者のそれであり、逆に党派的な動きを強いられる政治家からは遠い旨、繰り返し述べている。彼の兄である、ハーフィズ・アミーンもその著作『アフマド・アミーン―時代を先取りした思想家』の中で、そのような強い傾向を指摘している。[20] それは自分の利益を害するほどに徹底していたことに関しては、本書第1章でもすでに触れたところである。

写真22　ハーフィズ著『アフマド・アミーン―時代を先取りした思想家』1987年

第二の要因としては、おそらくアフマドはしきりに東洋と西洋を結ぶ「輪」がなければいけないと主張していたことがある。アラブとヨーロッパを橋渡しする知識人のいないことを大変残念だとして、訴えているのである。アフマド自身が自らをそのような知識人として位置づけをしていたのは自然であったと思われる。[21] さらには、アフマドは「中道派」、あるいは「中間学派」と称されたことについては、前章末尾で取り上げた。

第三の事情は、アフマドの非地理的発想により、彼はその議論でカバーする領域を地理の縛りから解き放ち、したがって思考上、いわば世界を雄飛することができたのであった。これは人類を考え、諸民族の融和を祈念する格の思想家としては、当然な視野の広がりでありスケールであることを了解しなければならない。英国の歴史家アーノルド・トインビーとアフマドとの交流は何も記録には見出せないが、世界史を諸文明の交替で解き明かそうとした雄大な英国歴史家の発想と展望[22]に比し、ほぼ同格の着想をアフマドは持っていたと明言できそうである。

それでは、アフマドの独自で注目されてしかるべき思想の成り行きはどうであったのか？それはアラブでも西洋でも、ほとんど人目を引くこととなく幕を閉じることとなった。その証左としては、彼の作品としては珍しく他の人の筆による書評が一つも現れなかったことが上げられる。

その原因としては、『東洋と西洋』は一九五五年に出版されたが、それは一九五二年のナセル革命直後であり、エジプトは世を挙げてナセル一色に染まっていた時代であった。彼のアラブ民族主義と少し後のアラブ社会主義が一世を風靡したことは、まだまだ現在でも人々の記憶に新しい。その激しい潮流に、人間的文明の唱導はかき消されたという形容が当たっているであろう。

今ひとつの理由は、『東洋と西洋』にはイスラームが一切言及されていないという、同種の書物としては異例な叙述になっていることである。やはりなんといっても、イスラームへの言及やそれなりの大きな役割と評価が前面に出ないと、ムスリムの読者としては賛否を通じて、引き付けられるものが見当たらないということになるのであろう。

もう一方で、西洋における反応を見ると、西洋に対する露な敵対心の表明と見られた『イスラームの一日』が一九五二年に出された直後である一九五五年に『東洋と西洋』が出版されたという時間的関係の事情が、その運命を決めてしまったと言えそうだ。事前に出た懸念材料となる著書『イスラームの一日』に対する反応の波がまだ収まりきらず、その荒波にさらわれてしまったとも言える。グルーネバウムはそれら二書を「自己満足と衒学」の書であり、西欧批判の同じ類の書物としてしか扱わなかった。[23] サフランは『イスラームの一日』に覚えたショックのため、『東洋と西洋』には言及さえしなかった。[24] シェパードは『東洋と西洋』を正面から扱いはしたが、その「精神主義と物質主義」について、それは何も実質的に貢献しなかったと評価した。[25] しかしそのような見方は、イスラームに言及しない形で人間的な文明を唱導したアフマドの、独特で時代を超越した見識の真価を見落としていると言わねばならないのである。

こうして彼の新文明への呼びかけは、ほぼ人の耳に正しく達せず無視され、その意味で成果を上げずに終わったのであった。しかしそのことは同時に、同著作は早過ぎるタイミングで出された将来展望であったという評価も考えられる。

『東洋と西洋』は重版も出されていないし、カイロでももはや入手が困難になっている。他方、『イスラームの一日』に見られる西洋への敵愾心の側面は、昨今の過激派において大きな原動力になっていることは周知の事実である。けだし、『イスラームの一日』が公刊された時には、それは「ムスリムの叫びだ」と言われたものであった。[26] そしてこの「イスラームの叫び」はその後幾度も版を重ねてきて、いまだにカイロ市内の書店にあふれているのである。

アフマドの主眼点は西洋の批判ではなく、あくまで東洋の甦生を通じての人類文明の更新にあったことは明らかだ。しかし与えられた歴史的状況と事態進展のタイミングによって、彼の文明論は時代の波に弄ばれ、不当ながら彼の西洋批判の側面だけが肥大化したかたちで人々の注目を集めてきたという次第は明らかになったであろう。そして彼の知的な誠実さの全体像はアラブ側でも西洋でもその正当な価値をもって注目されることなく、爾来現在まで、半世紀以上の時間が流れてしまっているのである。

写真23　フサイン著『変貌する世界におけるイスラーム』1988年

以上のアフマドの議論を受けて、息子フサインが何を主張したのかを見ることとしたい。彼は二つの機会で将来の文明を論じることとなったが、そのいずれにおいても一般論ではなく、イスラーム社会の復興に限って書き進めたのであった。

その第一の機会においてフサインは、真の発展に向けて二つの条件があるとした。一つは発展努力を歴史と伝統に基礎づけるということである。もう一つは、来るべき将来との関連で遺産と伝統を見直す必要を認めるということである。もちろんこれらの努力を通じて、イスラームが重要な役割を果たすとしたうえで、現在、イスラームを取り巻く状況は、イスラームが生まれた七世紀と酷似していると指摘する。イスラーム以前のいわゆるジャーヒリーヤ時代に見られた諸条件と似ているものとしては、次のようなものがある。

（1）世界が小さな村になりつつある現代において、イスラーム社会が世界で孤立することは許されない。

（2）イスラームの自信と東洋の遺産の復興は必須である。

（3）篤信ぶりは日々の言動によって明らかとなる。同様に、われわれの社会がイスラーム化するのは、憲法にどう書かれているかとか、何らかのイスラーム上の法律を制定するからそうなるのではないのだ。それは、イスラームの精神を十全に取り入れることによる。

（4）最も崇高な神の意思を理解する必要があるとはどういうことかを、われわれは知っている。それは歴史の進展の道のりに則ることであると同時に、信者が帰依するということでもある。

こういった諸条件はいつでもどこでも見出せるものではなく、このタイミングを活用して社

会悪を追放し、社会を正しい方向へ導くことが一番重要である、とフサインは強調している。(27)

第二の将来の文明を論じる機会としては、現世のさまざまな出来事にどう対処するかを論じる脈絡で、それに言及している。彼は、反動抵抗勢力は本質を保全しつつも、諸価値が変化し適用させられるものだということを認めたがらないことにあるとする。それどころか現在、大いに緊迫する中で諸問題に対処しようとしているその態度には、これらの諸問題についての包括的な概念も、あるいはそれらについての緻密な知識や理解も持っていない、とする。

過激派はろくろく勉強をしていないというフサインの指摘については、前述のとおりである。これでは何も達成されないとする。彼は、活発で生命力あふれる諸国と一緒になってこそムスリム社会は甦生しうるし、イスラームの蘇生が期待できる、とした。

そこでこの社会の責務は、意見の交流を通じて望ましい諸目的を掲げること、活気あふれる社会の成長のための宗教的な柔軟な枠組を提供すること、そしてその構成員に対して共生と交流の機会を用意することである、としたのであった。(28)

こうしてフサインはムスリム社会とイスラーム自身の復興を論じても、右以上にはその具体的な方策を示そうとはしなかった。さらにもう一つ注目しておきたいのは、彼の関心の中心にあるのはムスリム社会であり、東洋でもなければ、ましてや世界全体ではないという点である。

しかも彼が注意を払っているのは、新文明の包括的なヴィジョンではなく、イスラーム文明の望ましい姿以上ではないのである。これはアフマドと比べると、はるかに視野の広がりは狭められていると言わざるをえない。

父親の仕事ぶりを知りながら、なおかつそうであるとすれば、それはなぜか？　このような設問に向かわざるをえないのである。エジプトをはじめとして過激派が横行したのが、二〇世紀末の風景であった。それはムスリムの良識を逃げ場のない窮地に追い込むものであった。そこから何とか抜け出さねばならないということが、自然と最大の急務となって自由主義者の両肩に重く伸し掛かったといえよう。そこに、イスラーム社会の甦生にフサインが集中することとなった原因を見出すのは、公正な評価として妥当と考えられるのである。

参考　大戦間の東洋主義について

アフマド・アミーンは東洋の精神性を評価して、それを次の新文明の起爆剤としても考えていた。しかし一般には一九三〇年代および四〇年代のエジプト、あるいは広くアラブ諸国において、東洋重視の見解は相当広く支持されていた。この流れを独自のものとして今一度振り返りつつ、なぜそれが五〇年代以降はすっかり衰えたかについても一瞥しておきたい。

東洋の精神主義と西洋の物質主義という二分法により世界を考え、文明を論じる手法は明快であり、当時の時代の欲求に添っていたともいえよう。一九二二年には、東洋連帯協会という組織がカイロ市内で産声を上げた。その当初の会員名簿には、アフマド・アミーンはもとより、政治家で作家のムハンマド・フサイン・ハイカル、法学者アブド・アッラッザーク・アッサンフーリー、エジプト大学教授アブド・アルワッハーブ・アルアッザームなどの名前が並んでいた。雑誌「東洋連帯誌」を発刊し、あるいはアラブ諸国での国際会議に代表団を派遣し、対西洋としての東洋の意識高揚やアラブの大義の主張をする役割を果たした。

この流れの分水嶺となった作品は、右のハイカルの巡礼記『啓示の降りた場所で』（一九三七年）である。その最終章は「二つの生活の間で―精神主義と物質主義」と題され、大いに東洋の精神主義が称揚されたのであった。作家タウフィーク・アルハキームは『思想の太陽の下で』（一九三八年）並びに『時代の華』（一九四三年）によって同様のテーマを追求した。

こうして東洋主義や精神主義という用語は大手を振ってエジプトの公論界を伸し歩くかたちとなったが、細かに見るとその意味合いは使い手によって、少々偏差を見せている事情も見ておこう。

アフマドはその著『東洋と西洋』（一九五五年）において、第2章で「西洋の物質主義と東洋の精神主義」を扱っている。

「明らかに東洋の精神主義と西洋の物質主義の違いは、歴史に深く根ざしている。古代のインド哲学は、黙考と内的分析を目途としたそうだ。一方、ギリシア人は外的な世界の原理を探ることに関心を払い、人間の宇宙における位置づけに興味を持った。インド人は内的で、ギリシア人は外的な方面に向かったということである。しかし中国人は、人の内的あるいは外的な方面のいずれでもなく、彼らは人の間の関係に向かったのであった。[29]」

「精神的な側面は、知的感情的な側面より切り離して観察する必要がある。……精神的な傾向を持つ人は、その理性ではなく心で（精神界に）達することとなる。その人は心でそれを認識するほうが、理性でするよりも強固であることがわかるであろう。」

ここで明らかなことは、アフマドは精神を感情から切り離して、そして最終的には宗教心とも呼ぶべきものだけで考えるように説いていることである。これは当時、例えばターハ・フサインなどは、『エジプト文化の将来』（一九三八年）において西洋にも精神主義はあるとして、その精神には感情、情緒、同情心などを混在させて理解する傾向があったことへの反論の意味もあった。ターハ・フサインは、しきりに西洋は愛情、美と勇気の賞賛、汚れと醜さの嫌悪、貧者への寄付、国家への経済的精神的犠牲心などで、その精神主義を表すとしていたのであった。

このように精神主義という用語の意味内容も関係者間で一様ではなかった。ましてやその具体的な取るべき行動については、濃い霧の中を歩くようであった。そして結局のところ、五〇年代以降は特段の具体的な成果はないままに東洋主義の提唱自体が霧消してしまった。

しかし、具体的成果の有無だけが評価の基準ではない。

それほど広くもてはやされたこと自体、その提唱が当時固有の意味を持ったことを示唆している。それはなかんずく、大恐慌、国際連盟崩壊、第二次大戦、パレスチナ戦争敗戦（一九四八年）と続く深刻で流動的な情勢下において、エジプトにおける淡いながらも一つの希望を与える道標となり、暗い海の中の灯明として光を放つ存在であったと言えるのではないだろうか。

注（1）アフマド・アミーン「文明の虚偽」アルヒラール誌、一九三七年五月、『溢れる随想』第一巻、一三一－一三六ページ。
（2）アフマド・アミーン「東洋と西洋の間、あるいは精神主義と物質主義」アッサカーファ誌、一九三九年一月一〇日、『溢れる随想』第二巻、五二－五六ページ。
（3）アフマド・アミーン「東洋の病いは、伝統である」アルヒラール誌、一九四九年六月、『溢れる随想』第八巻、二六－二九ページ。
(4) アフマド・アミーン『東洋と西洋』一九五五年、八－九ページ。
(5) アフマド・アミーン「文化の価値」アッリサーラ誌、一九三四年二月一九日、『溢れる随想』第一巻、二五七－二六〇ページ。
(6) 前掲書『東洋と西洋』四三－四四ページ。オスワルド・シュペングラー『西洋の没落』ロンドン、一九三二年、第一巻・第二巻合冊、三三ページ他。
(7) 同掲書『東洋と西洋』四五ページ。
(8) アフマド・アミーン『イスラームの一日』カイロ、一九五二年、二一五ページ。
(9) 同掲書、一〇七－一一〇ページ。
(10) 前掲書『自伝』二三九ページ。
(11) 前掲書『イスラームの一日』二七、四五ページ。
(12) フサイン・アミーン『宗教的諸傾向への文明的立場』カイロ、一九九三年、一〇二、一〇三、一〇八ページ。
(13) 前掲論文、フサイン・アミーン「問題と解決―ムスリムの責任」アルムサウワル誌、一九八三年一一月四日、五六－五八ページ。
(14) フサイン・アミーン「ムスリム共同体の危険な現状」季刊エルサレム、四二、一九八七年春、一九－三七ページ。
(15) 前掲書『イスラームの一日』二〇一ページ。
(16) 前掲書『東洋と西洋』二七ページ。
(17) 同掲書、一六－一七ページ。
(18) 同掲書、一九ページ。

(19) アフマド・アミーン「現代における天才の少なさについて」アルヒラール誌、七、一九三五年、一〇二二−二五ページ。(『溢れる随想』には収められていない。)
(20) ハーフィズ・アミーン『アフマド・アミーン—時代を先取りした思想家』カイロ、一九八七年、二七−三一ページ。
(21) アフマド・アミーン「失われた輪」アッリサーラ誌、一九三三年一月一五日、『溢れる随想』第一巻、三〇−三四ページ。
(22) アーノルド・トインビー『歴史の研究』オックスフォード、一九五四年。
(23) G・E・グルーネバウム『現代イスラーム』ニューヨーク、一九六二年、三六六−三七二ページ。
(24) 前掲書、サフラン『政治的共同体を模索するエジプト』二二六−二二八ページ。
(25) ウイリアム・シェパード『近代ムスリム知識人の信仰—アフマド・アミーンの宗教的側面とその影響』ニュー・デリー、一九八二年、一四八ページ。
(26) ムハンマド・アブドゥフ・アルガーニー・ハサン「アフマド・アミーン博士のイスラームの一日」アッサカーファ誌、一九五二年四月一四日、二八−三〇ページ。
(27) 前掲書『悲しいムスリムの導き』一七一−一七二ページ。
(28) 前掲書『変貌する世界におけるイスラーム』二八三−二八六ページ。
(29) 前掲書『東洋と西洋』一三七−一四〇ページ。

第6章　政 治 論

エジプトは二〇世紀を通じて、形式的な議会制民主主義から軍事独裁制へとその政治制度の変遷を経験した。そして一九七〇年代から八〇年代にかけては、イスラーム過激派の台頭を見た。アフマドもフサインも民主制の支持においては変わりなかったが、それぞれの時代の流れの中で異なった主要敵並びに直近の課題に取り組まなければならなかった。それはアフマドにおいては国民の政治的覚醒であり、フサインにとってはイスラーム過激派勢力の跋扈への対処であった。

アフマドと政治的啓蒙

まず冒頭に、アフマドとその同時代人は、現実的実際的な政治議論をすることは極めて僅少であったことに触れなければならない。知識人の論議はしばしば抽象的理念的で、道徳論のような様相さえ呈したのであった。日本でいえば、大正から昭和への時代であるから、民本主義運動などで揺れ動いていた時代であり、もはや倫理道徳的な江戸時代の儒学的アプローチは遥かかなたに遠退いていた。それと比較すると、エジプト知識層の観念的な姿勢は、にわかには解せないものがある。またさまざまな対英独立運動は引き続き盛んで、市民、学生の反政府運動も恒常的であったことを思うと、ますますその理由が疑問となって膨らむのである。このような現象には、三つの要因が絡んでいたと考えられる。(1)

一つには、当時は教育の普及がそのまま民主主義の発展に導くと信じる傾向が強かったこと。二には、憲法は社会を超越した諸規則の集合であり、その法的な演繹的解釈論がそのまま政治論になると考えられたこと。それだけ憲法に対する不慣れさと期待の大きさが目立つとも言える。いずれにしても、それは人のさまざまな理想と政治活動のための実益に根ざした諸原則であるとの認識ではなかったのだ。ちなみにエジプトに憲法ができたのは一九二三年であったが、それはアラブ諸国の先鞭をつけるものであった。三つには、すべての政治的議論は倫理道徳の諸原則のレベルで受け止められがちであったことがある。それは伝統的なイスラームの政治理念がそうであったことの残滓であると見て差し支えないであろう。それだけに従来は、政治的な反対運動は何らかの宗教色を帯びることとともなったのであった。

以上は一般的な傾向であるが、それらを念頭においてアフマド自身の政治論を見ることとしたい。彼はこの分野に関しては一冊もまとまった著作を著さず、すべて論考の形で公表していたので、それら多数の論考が基本的な素材となる。政治関係では約一一五本の論考があるが、一九三〇年代に書かれたものはほぼ四〇本であり、残る八五本はその時代以降の執筆である。

右に見た一般論との対比で、これら多数の論考を通じてまず疑問に思われることは、どの程度彼は理想論者であり、またそれはイスラームの諸価値に支配されていたのか、という点である。次の設問は、理想論的ではあってもアフマドの言説は言葉の遊びや衒学ではありえず、その熱意あふれる働きかけの真の狙いとその影響はどうであったのか、という点である。ちなみに、二〇世紀当初のエジプトの識字率は約五%であり、五〇年代に入っても児童の就学率はたったの三〇%にすぎなかった。このような社会的背景を念頭に置くと、具体性を欠く議論であったとしても、アフマドの狙いは他でもない国民の政治的啓蒙に他ならなかったという、全体像が浮き彫りになるのである。

アフマドを「近代主義的保守主義者」、あるいは「道徳的改革者」と当時評する人たちがいた。(2) これらの言葉で彼を全般的に評価することに、深刻な異議を唱える人はまずいないであろう。

1　基礎的な概念

（1）　政治とは？

政治という営みを自然現象の一端と見なし、あるいはそれを絶対者の定めた運命のように捉える感覚や観念は、歴史的に見るとかなり広く見られる。しかしそれが二〇世紀になってもまだ相当支配的であったことが、アフマドが見たところ、政治上の主要課題として映ったのであった。

政治は支配と被支配の関係であるが、国民の性向が統治者のあり方を決める大きな要素であるとする、古来のアラブの言い回しである「あなたのあり方で統治は決まる」が引用される。また彼は、神の天与の運命として政治を見ることを拒否している。[3]

政治的な技巧を習得する必要があるというのは、アラブ人はあまりに単純なアプローチしか知らないからだ、そうでもなければイギリスやフランスの手玉に取られ続けるであろう、と懸念する。というのも、英仏の政治家は「政治学さえも学んでいるからだ」とする。[4]

イスラームの下では、アッラーとの関係に集中するのが篤信家であり、自らの権利感覚は薄いかあるいは無頓着である。その間隙を埋めてきたのが、ウラマー層を中心とする知識人、学者の信徒の利益を守るための執筆、説教や、統治者への勧告などの活動であった。それだけに国民全体としては、政治に対して受身な態度が当然となっていても不思議ではなかったのだ。右の態度は、「政権交代」となり民主主義も本格化した平成の日本社会からは想像もできないかもしれない。しかしこの受身の感覚は、太平洋戦争後、日本にも民主主義が導入される過程をつぶさに見てきた世代には、容易に理解しうるであろう。

（2） 民主主義

アフマドは本質的に民主主義を理解し、唱導していたことは間違いない。しかしそれを理論的というよりは、経験的事象的に提示していた。

「民主主義とは何か？ それは人民の人民による人民の利益のための統治・政府である。特定の階層による支配を排し、全員に教育、平等、自由そして同胞関係を広げることである。またそれは、巨大な富を制限し、貧困を克服し、政治的経済的な特権と戦うことである。そして、各自がその才能を発揮する機会を提供し、世論により政府と統治者を監視し公益に導くようにすることである。さらに、人々をまとめ公益に導く全般的な精神であり、個人や国家の奴隷制を廃し、個人を奴隷化する無知や熱気を排し、国家を奴隷化する搾取と植民地主義を排することである。それは少数派の多数派に対する、あるいは個人による国家に対する、または国家による国家の奴隷化への革命である。」

こうしてあらゆる側面が列記されるが、あくまでそれらは経験的な表現である。ただし彼の民主主義観は、すぐれて平等主義重視であった。

「先祖代々いわば民主的で、歴史に名を残すような者はおらず、大衆の中に埋もれていた。」「国民が真に民主的であるのにも感銘を受けた。大小を問わず、人間として見るので、大臣も市井の労務者に優越するようなものは与えられない。……すべての者の権利、義務は平等で、階級間の差は少なかった。[5]」

後者は一九四六年、英国訪問の際の感想であるが、イギリスは民主的であるというとき、その人々の平等さを特記しているのである。このことは例えば、アルアッカードがその著『イスラームにおける民主主義』（一九五二年）において、民主主義とはなかんずく投票権であると捉えて、ちょうどそれはイスラームにおける拍手による支配権承認の行為（バイア）に相当するとしているのに対比される。

他方、世論の役割についてはどのように考えていたのであろうか？　民衆の見解には根源的な重要性を認め、識字率の向上と新聞、ラジオの普及を必須と考えた。そして世論こそは、たとえ無知であっても、哲学者や法学者といった学者よりもより良い見解を示すものだとした。[6]

最後に見るべきは制度論であるが、一般にそれが弱いことは第1章ですでに述べた。唯一ある論考は、議会に関するものである。彼はその役割として、立法、予算承認、そして行政の監督であるとするが、この捉え方自体は極めて順当な内容である。エジプト議会の欠点は、政党の姦計の場となり、議員は国益の代表としてよりは私益にのみ拘泥しており、したがって世の中のあらゆる毀誉褒貶《きよほうへん》の餌食となっていると断じた。(7)

以上に見たように、アフマドの民主主義理解は素直なものと言えそうであり、特段イスラームに頼り切っているとは思えない内容であった。しかし難しかったのは現実である。たしかに、当時のエジプトには民主主義の円滑な実践には程遠い諸条件があふれていた。なかんずく、国民の政治的意識と成熟度が問題であった。政治における民主主義とは、功利的な駆け引きであり、それは国民が恒常的に参加するプロセスであるという感覚は、ほとんど正面からは理解されていなかったのであった。

また制度の背景ともいえる民主主義のインフラで、権力に対する防御壁となる「市民社会」は、法の支配、人権重視、メディアの発達などで特徴づけられる。このような開かれた国民間の横の関係とその世論形成を保障するシステムは、アラブ諸国としてはそれなりに進んでいるとしても、いまだエジプトのそれは不十分であった。国王の憲法無視や憲法停止が頻発したのであった。

さらには、陰に陽にイギリスの巧みな干渉が続いていた。その極端な例として、一九四二年二月四日、独伊枢軸国に傾くワフド党アリー・マーヒルを退却させて、同党ムスタファー・アンナッハース政権を発足させるために、英軍の戦車がアービディーン宮殿を取り囲む事件が起こったのであった。

（３）政治社会的価値

アフマドが重視した諸価値としては、伝統的なものに新たな色づけをしようとした価値として「正義」があり、新たに価値の範疇に入れようとした「犠牲」や「妥協」があり、伝統的なものとは全く逆な順序で論じた「権利と義務」がある。他方西欧では一般的

写真 24　アフマド著『イスラームの午前』1933-36 年、全３巻

な、自由や博愛は、民主主義の達成すべき価値としては登場しなかった。

ア　少ない道徳的感覚

アフマド自身が道徳家であり、その処女作のテーマは倫理道徳論であったことは第2章で述べたとおりである。そしてたしかに彼の政治方面の論考としても、道徳を論じたものはある。[8]しかし道徳的なアプローチを示した論考は二本しかないうえに、明らかに道徳律で政治的議論を満たすことを目的とはしていないのである。その点、例えばターハ・フサインは、世界大戦の根源は正義と自由の闘争であったと主張したし、アルアッカードはさらにその方向への傾斜を強め、政治教育は審美的な諸価値の伝播を伴わねばならない、と論じたのであった。[9]アフマドにこのような主従が逆転してしまうような現象をきたさなかったのは、実証を重んじる歴史家としては自然な思考パターンであったとも了解される。

イ　正義、犠牲、そして妥協

「正義」についてはアフマドは二つの方面から論じたが、いずれも中庸の立場を最善とする伝統的な正義感ではなく、それを新しい色彩に塗りなおそうとした。

初めに彼は、社会における正義とは、個々人の持つ利点を最大限発揮し活用できていることであるとする。年功序列、身びいき、党派主義や寵愛主義を排して、適材適所を強調する。またさらには、個人間においても相互の利や主義の延長として正義が守られるべきだとした。[10]

彼の第二の視点は、社会における正義とは、国が個々人最大限の能力を発揮できるよう、その機能を全うすることであるとする。そのためには社会的公共財の充実などが挙げられる。また累進課税は是認するが、その究極は社会主義であろうとする。[11] 彼自身は社会主義者ではなく、またアフマドの著作全体を通じて一度としてマルクスに言及したことはないが、英国社会主義の実際に触れて極めて感銘を受けていたことは、平等の実現との関連ですでに述べたところである。

次に「犠牲」について見る。それは元来政治的な価値ではなく行為そのものであるが、アフマドの強調ぶりを見ると、それはあたかも準価値の様相を呈してくるのである。犠牲と利他主義は社会と国家の発展の尺度であるとする。たしかに心理学的には利己的な本能も犠牲を払う動機にはなるものの、アフマドからすれば重要なのは動機よりも結果である。そして受け取るよりも与えることに喜びを見出す人が犠牲を苦にしない類の人である、とも言う。[12]

「妥協」については、もともと類似した概念や、まして用語はアラブにはないものである。

そこでアフマドは、ムサーラハ、あるいはタサールフというアラビア語をそれに当てることを提案した。そうすることで、この民主主義にとって必須の概念をなじみあるものとして導入しようとしたのであった。[13]これらのアラビア語の術語は今日でも使用されているが、アフマドはその促進とともに、達成すべき政治的価値として新たに仲間入りさせたのであった。

ウ　権利と義務

アフマドは『倫理学』において、政治社会的な「権利と義務」とは車の両輪のように互いに連携していると説く。つまり各自の権利は他者が敬うべきであるし、同時に権利を行使するものはそれを自分と他者の利益のために行使すべきであるとした。通常、後者の側面は道徳的にしか扱われず、前者の側面だけが法的に位置づけられがちなのは悔やまれると指摘する。

しかしここで注目するのは、右の指摘ではなく、彼は権利については縦横に議論をするのに対して、義務に関しては神に対する義務と社会に対するそれにしか言及していないという点である。いわく、自然な生命権、自由の権利（奴隷解放、国家独立、表現・集会・報道・政治参加などの市民権）、教育権、そしていくつかの婦人の諸権利などである。この比重の置き方は従来とは異なり、義務は多くて権利は僅少という伝統的なパターンの展開とは正反対になっているのである。

かくして社会の構成員全員がその権利と義務を全うしている状態が、幸せな社会なのであろうと説いた。[14] また社会の構成員の存在価値は、身分の上下ではなくて、それぞれがその権利だけではなく義務も果たしているかどうかという点が重要であるとした。それは劇における乞食と王様のようなもので、各自にその役割と台詞が与えられているのである、と説いた。[15]

2 具体的課題

以上に見たアフマドの概念的な作業は、いわばエジプト社会の政治的な無形のインフラ構築であったが、他方で彼は数多くはないが、具体的な課題に関しても論考を出している。それは彼の政治的立場を示すものでもある。

(1) ナセル革命

アフマドは、ナセル革命について三本の論考を書いている。そして慎重ながらもその成り行きを楽観視し、王政を脱して真の共和制に進むための準備としてナセル革命を条件付で認める格好になっている。

早くも一九四七年、アフマドは大衆写真雑誌のアルムサウワルにおいて、「われわれはもう一つの革命を欲する」と題して、政府がオリンピック参加に支出する高額な予算を批判した。[16]

次いではナセル革命の五カ月後に、「王政と共和制」を発表した。そこで彼は、権力の集中を防ぐには、王政やハリーファ制であれば革命しかないが、共和制であれば指導者の任期は一定期間に定められているので、世界的な共和制への動きを支持している。また植民地主義は共和制よりも、支配のために王政とのより親密な関係を持ちがちである、とも指摘した。[17]

第二のナセル革命関連の論考は、その翌年に出された。その中で彼は、革命の目的は社会正義の実現でなければならず、また政治制度は軍事支配からもっと自然な立憲議会制に移行することを望むとした。そして指導者は、将校ではなく、経験ある政治家や自由選挙により選ばれた議員を要望したのであった。[18]

最後の論考は、「われわれの最初の共和制」と題され、支配者、被支配者間の兄弟的な関係を呼びかけ、真の共和制がエジプトに樹立されるために、報道陣、作家、思想家たちの協調した努力を呼びかけたのであった。[19]

(2) アラブ統合

一九四七年より五年間、アフマドはアラブ連盟の文化局長であったが、その任務もありアラブ諸国の文化的紐帯の強化には大変な関心を持ち、また尽力もしたのであった。

アラブにはすでに強い絆が歴史的に存在し、他方エジプトに対する指導的な行動を期待する向きは大きいが、エジプトはそれを十分認識していない、と言うのである。とくにアラブの知識人は結集すべきであり、西洋と伍するためにも、もっと一致団結が必要である、と主張した。[20]

写真25　アフマド著『イスラームの正午』1945-55年、全4巻

こうして彼は実際に、アラブ連盟の古文書館創設、写本のマイクロ・フィルム化、アラブ諸国の教科書統一や教育用語統一を呼びかけ、アラブ文化会議（於レバノン）を開催したりした。

（3） 国民教育

教育の重視はいずれの国でも、あるいはいずれの時でも当然ではあるが、エジプトにおいても一九世紀末以来のイスラーム指導者であった、ムハンマド・アブドゥフも一番強調する点であった。アフマドは約一二冊の教科書をまとめたが、それはエジプト大学文学部講師に就任した一九二六年以降において、力が入れられたのであった。

彼の最も特筆すべき事業は、一九四五年、文化省の文化局長に任命された時の市民大学の創設と運営であった。これは全国組織で、市民に開かれており、約一万七〇〇〇人が登録されたそうである。授業の場所は、時に工場もあてられるというほどで、柔軟な運営ぶりだったことが窺える。創設後一年ほどして彼は文化省を離れるが、大学の理事長としては継投した。(21)

3 結　語

アフマドは理念上の刷新と現実問題の両面において、国民の政治的啓蒙を促進したと評価して差し支えないだろう。彼のさまざまな論考や書籍全般に対する反応としては、ほぼ三五〇の書評などが寄せられたことがわかっている。ところがその中で、政治分野の書評や反論は、わずか一五本に過ぎないのである。圧倒的に大半の書かれた反応は、イスラームや文学の分野であったからだ。

しかし彼は、エジプト大学文学部長、文部省文化局長、王立アラビア語アカデミー会員、アラブ連盟文化局長などを歴任し、その綽名として「世代の教授」と称され、よく知られ親しまれる存在であった。つまり政治論に対する書評の数が少ないことは、彼の影響の大小を量る指標にはなりえないということである。むしろ自然な流れとして、彼の名とともにその国民への訴えは広く静かに浸透していったと推定すべきであろう。またそれが一時的な感情の爆発ではない、ヒタヒタと浸透する啓蒙の効果のあり方でもあろう。

アフマドの諸説のもう一つ重要な側面は、伝統的な政治理念を離れて、イスラームに縛られない着想を提示していたということである。政治動向と運命論を切り離し、義務より権利を前面に押し出し、イスラームの政治的な概念や諸価値の脈絡に頼らずに民主主義を理解し説明し、また正義も中庸よりは社会正義の色を濃くした。

これらの諸側面をこれまでかなり詳しく見てきたのは、このような全貌をつぶさに把握するためでもあった。以上のように伝統的なイスラームとは距離を置きつつ政治的諸概念を鼓吹していたわけだが、これはアフマド自身がどれほど意識していたかは疑問である。イスラームの政治理念から脱皮しよう、といったようなものの言い方を、直接には彼は一度もしていないからである。そこでそれは彼自身の自然な思考と方向選択の成せる業であり、それに従って論陣を張っている間に、そのような姿勢ができていったと考えるほうが妥当であろうと理解される。いずれにしても、政治といい社会変革といい、大規模な変貌を短時日の間に成し遂げることは至難であるが、従前のイスラームの慣習的な諸概念の世界からの脱却、おそらくこのことが、彼の国民への啓蒙の一番のポイントとなったと思われるのである。

フサインとイスラーム過激主義

フサインの過激派に対する批判は、喫緊の要請であるということの性格上、理論的というよりは経験的であり、また学術的というよりは実際的なものとなった。最終的には、彼は過激派との対話は全く成り立ちえないし、さらには無益であると断じたのであった。他方で過激派の主要な主張点に彼は対応を迫られたが、それには政治制度としてのハリーファ制の問題やエジプト全人口の一五％を占めるコプト教徒との関係のあり方などが含まれていた。

1　イスラーム過激派への批判

サダト大統領の暗殺後、八〇年代を通じてイスラーム過激派の勢いは急激に増した。それに伴い、過激派批判の声も強まらざるをえない状況となったが、フサインの主張もそのような波に乗っていた。彼のシャリーアに関する議論は、すでに本書第5章で見たところである。ここでは、それ以外の方面における展開を見ることとする。

一九八三年、フサインは正面からイスラーム過激主義への嫌悪を露にした。彼らは言うところの改革を実行することはできず、そもそもイスラームをさほど勉強しないで安直なガイドブック程度しか読んでいない、と糾弾した。そして彼らの基礎は脆弱であり、その展望は開かれていない、と結んだ。[22]

次いで一九八八年には、それまでの論考をまとめた『変貌する世界におけるイスラーム』を出した。現在の過激派の温床になったのは、一九五〇年代を通じての教育の劣化であり、同時期における西洋化、民主主義、そして平等などの呼びかけがあまり功を奏しなかったことによる、と指摘した。さらには一九六七年の対イスラエル戦におけるアラブの敗北のショックは大きく、イスラエルが宗教国家であることが勝因となったと考えられたのであった。この見方がアラブ、そしてエジプトにおける過激派勃興の一因となった、とした。[23]

フサインは過激派の支配する社会はどうなるかということを、一幕寸劇を創作して人々に示そうと試みた。そのシナリオはこうだ。ある裁判官の家庭において、息子の姿が突然見えなくなったことに気のついた夫婦は、急に恐怖心を抱くこととなった。それまで二人で最近の社会事情について話していたが、学校のほうではイスラーム運動に関して何であれ批判的なことを聞いたら、警察に届け出るように生徒は指導されていたからだ。こうして過激派支配の社会は一種の警察国家になるということを、具体的なかたちで広く知らせようとしたのであった。(24)

このような表立った過激派批判は命の危険を感じさせるものであったに違いない。しかしフサインはさらに一九九三年、『宗教的諸傾向への文明の立場』を出版して、ますますその批判の議論を強めるのであった。過激派との対話は率直に言って、ありえないとした。

それは、一つには彼らは議論すると間違っていたということを認めざるをえなくなるので話したがらないということ、またあまりに不勉強で何ら成果のある実質的対話が成り立たないこと、あるいは個人的利益が絡んでいて対話を拒否する連中のいること、それよりも現状の彼らにとって快適な環境を出たがらないこと、最後に彼らの考え方には常識の欠如が目立つからだと説明した。

ただ望みは過激派の中でも若い世代で、柔軟な心と将来へ向けて積極的な姿勢を持っている人とは、話し合いは意味があるかもしれないと言う。彼らは未来への羅針盤であるとする。そして最重要なことは宗教を不変の真髄と可変の付随に分ける発想を持つようにし、何が永久で必須かということを考え、それとわれわれを制約し道を失わしめる一時的で消滅すべき事柄とを峻別することであると主張した。

イジュティハードの門が閉じられるということは、科学、思想、文明の自由を圧迫し、疑問を抱く自由も奪うもので、それらはすべてクルアーンの教えに反することであると言う。したがってこれらすべては、先々の世代に対する責任を看過することになると結論している。(25)

2 ハリーファ制と民主主義

ハリーファ制はイスラームの教えとして義務的なものではないとして一九二五年、アリー・アブド・アッラーズィックがその著『イスラームにおける統治の基本』を出版して破門されて以来、本問題は長く知識人から忘れられたように蓋をされていた。しかしそれを再びこじ開けたのは、過激派であった。彼らは、過去の栄光の象徴としてその制度の再建を主張しはじめたのであった。しかしその主張に対して自由主義者たちの反応は、ほぼ完璧にスクラムを組み一致して、ハリーファ制は独裁制に他ならない、と反論したのであった。

そのような総意には、いろいろな背景と基礎がある。まずは歴史的に見て、ハリーファの選出はさまざまであったので、特段決まった慣行があるわけではない、という点がある。アブー・バクルがウマルを選んだ時には指名にもとづいていた。ウマルの次にオスマーンが選ばれたのは、人々の支持表明（バイア）であったし、また六六一年、ウマイヤ朝が発足してからは、それは世襲制に取って代わられたのであった。

さらに自由主義者たちの総意を促す要因は、正面からハリーファ制を謳った個所は、クルアーンにも預言者伝承にも存在しないということがあり、あるいはまたアズハル大学も、一九二五年にアリーが破門された当時に比べて遥かにこの点については柔軟になったことが挙げられるのである。

フサイン自身の本問題に関する議論を見よう。

彼の論点は「アリー・アブド・アッラーズィックの書（『イスラームにおける統治の基本』）の新しい解釈」で示された。その主要点は、著者のアリーはマッカでの啓示だけに依拠しており、アルマディーナでのそれは無視しているという点である。六二二年にアルマディーナへ聖遷した後こそ、政体も出来上がりさまざまな刑法や戦争法などの諸法規の啓示が降ろされたのであった。それなのにマッカ啓示だけによって、ハリーファ制はイスラームの本来の制度ではない

としたアリーは、正しい根拠にもとづかないでその議論を展開したとして批判したのであった。(26)

これは少々入り組んだ手順の議論であるが、要するにアリー・アブド・アッラーズィックが論拠としたマッカ啓示では不十分である、というのが批判の主眼点であって、結論のハリーファ制はイスラーム本来のものではないということを批判しているのではないのである。つまりアリーもフサインも、ハリーファ制を二〇世紀において再現することに反対である点では、完全に一致しているのである。

こうしてハリーファ制を拒否しつつ、フサインが強調したのは民主制の支持であるが、これも民主制反対の意見に言及しつつそれを糾弾するかたちを取っている。彼が言及した民主制反対の意見には次のようなものがある。過激派の思想的な支柱と目され、ナセル政権下で処刑されたサイイド・クトゥブが民主制よりは公正な専制を望んだこと、一九八二年、アズハルの人気者アッシャアラーウィー師が民主制はイスラームに沿わないとしたことなどがある。このフサインの民主制信奉の意見は、広く世界へ向けられたＢＢＣ放送で開陳されたものであった。(27)

3 コプト教徒問題

異教徒であるコプト教徒をどう考えるかは、やはりイスラーム過激派が提起している問題の一つである。コプト教徒はエジプト全人口の約一五％を占めていると考えられているが、実際はその数字の持つ政治的な重さと微妙な事情に鑑みて、過去数十年まともな人口統計を取ることさえも、政府の方針として実施されていないという難問題である。

自由主義と目される論者は一様に、コプト教徒も同じ共同体の構成員として、さまざまな権利を認められてしかるべしとするが、その論法はさまざまである。過激派に暗殺されたファラジュ・フーダの場合は、エジプトという一つの国であり、共同体の保持、運営という観点からその存在の重要性を強調した。フサインの場合は、宗教的な寛容性を社会に実現するという観点から主張した。

寛容ということは、父親アフマドも強調し、そのためにアラビア語の用語として、タサームフやムサーラハを提唱したことは、前述した。フサインはこれについては、サマハという語源からして相手を許す、つまり見下した語感が拭えないので、共生するという言葉である、ムアーヤシャを、提案している。

また彼は、宗教は本来的に対話を是として相互に認め合うと考えるのは甘く、一般的には、それは長い歴史を通じて生み出された知恵であり、人間の理性と宗教多元主義である世俗主義の賜物であると、率直に語る。しかしイスラームに関しては互いの宗教を尊重するという教えがクルアーンに「あなたがたには、あなたがたの宗教があり、わたしには、わたしの宗教があるのである。」(不信者たち章一〇九・六)とあるので、それは確保されていると言える、と結んでいる。(28)

論点の転換

以上においてアフマドとフサインの政治関係の議論を展望してきた。両者を省みると、そこに興味深い論点のバランスの転換があったということが明白となったのである。それは、ハリーファ制への言及と独裁制への言及の仕方がちょうど対照的になっているということである。

アフマドはハリーファ制に関しては、論点としては取り上げたことがなかった。それは、一九二五年のアリー・アブド・アッラーズィックの破門事件以来、エジプトではほとんど禁句のようになって、誰も触れなくなった問題であるからである。もちろんそれと同時に、だれもそれが再現するような現実問題として考えなかったこともあろう。それとは別に、アフマドはナセル革命には批判的で、彼の早期退陣を求めたことはすでに見たとおりである。アフマドはさらに、ナセルの地方訛りを揶揄するようなこともあったようである。(29)

他方でフサインは、過激派が主張するハリーファ制は他ならぬ独裁制であると断じ、盛んに拒否したが、ムバーラクを独裁者であるとして批判したことは一度もなかった。むしろ過激派がムバーラクを世俗的で十分にイスラーム的でないとして非難に暇がない状態である。

このような論点の転換はあまりに明確である。その原因としては何と言ってもそれぞれが置かれた時代背景の違いにある。同時に両者に一貫するものは、知的誠実さということであろう。このような転換があったことを認識しておくことは、それぞれの議論の構造を明らかにしてくれるとともに、それらが置かれた時代背景と、その中でそれぞれが果たした役割を浮き彫りにする一助となると考えられる。

注

(1) 前掲書、サフラン『政治的共同体を模索するエジプト』一四七－一五一ページ。

(2) ザキー・アルマハースィニー『アフマド・アミーンに関する講演集』カイロ、一九六二－六三年、一八六ページ。

(3) アフマド・アミーン「統治の技術」アッリサーラ誌、一九三七年九月六日、『溢れる随想』第一巻、二六六－二七〇ページ。アフマド・アミーン「統治の関連事項」アッサカーファ誌、一九四四年四月三〇日、『溢れる随想』第六巻、二六-二九ページ。
（4）アフマド・アミーン「政治の技巧」アッサカーファ誌、一九五一年四月三〇日、三-四ページ。（『溢れる随想』には収められていない。）
（5）前掲書『自伝』九、二四〇ページ。
（6）アフマド・アミーン「世論」出典不詳、『溢れる随想』第六巻、二四六-二四九ページ。アフマド・アミーン「自然な民主主義」アッリサーラ誌、一九三四年七月二日、『溢れる随想』第一巻、一〇五-一〇九ページ。
（7）アフマド・アミーン「議会生活」アルヒラール誌、一および二、一九四五年、『溢れる随想』第一〇巻、二三三-二三七ページ。
（8）アフマド・アミーン「政治道徳―現在の効力と民衆生活への影響」アルヒラール誌、一九三六年、三、『溢れる随想』第一〇巻、一八〇-一八四ページ。アフマド・アミーン「社会的道徳」アッサカーファ誌、一九四八年四月二〇日、『溢れる随想』第一〇巻、一五五-一五八ページ。
（9）前掲書、サフラン『政治的共同体を模索するエジプト』一五〇ページ。
（10）アフマド・アミーン「正義」アッサカーファ誌、一九四八年八月一九日、『溢れる随想』第三巻、八七-九一ページ。
（11）アフマド・アミーン「社会的正義」出典不詳、『溢れる随想』第六巻、二六三-二六六ページ。
（12）アフマド・アミーン「犠牲」アッサカーファ誌、一九四二年二月三日、『溢れる随想』第三巻、二二二-二二六ページ。
（13）アフマド・アミーン「犠牲（ムサーラハ）」アルヒラール誌、三、一九三八年、『溢れる随想』第一巻、一三七-一四二ページ。
（14）アフマド・アミーン「幸せな社会」アルヒラール誌、五、一九四八年。（『溢れる随想』には入っていない。）
(15) アフマド・アミーン「この世は物語」アルヒラール誌、二、一九五四年、『溢れる随想』第九巻、八五－八七ページ。
(16) アフマド・アミーン「われわれはもう一つの革命を欲する」アルムサウワル誌、一九四七年四月一八日、四ページ。（『溢れる随想』には収められていない。）
(17) アフマド・アミーン「考えること—王政と共和制」アッサカーファ誌、一九五二年一二月二二日、『溢れる随想』第九巻、二五六－二五七ページ。
(18) アフマド・アミーン「考えること—最近のクーデター」アルヒラール誌、七、一九五三年、『溢れる随想』第九巻、一一九－一二二ページ。
(19) アフマド・アミーン「われわれの最初の共和制」アルヒラール誌、八、一九五三年、『溢れる随想』第九巻、一二三－一二六ページ。
(20) アフマド・アミーン「アラブ諸国間の手段の統一は東アラブ復興への前進に最重要であること」アルヒラール誌、一、一九三九年、二五二－二五四ページ。（『溢れる随想』には収められていない。）アフマド・アミーン「アラブ諸国間の文化的協力」アッサカーファ誌、一九四九年一月三日、五－七ページ。（『溢れる随想』には収められていない。）
(21) 前掲書『自伝』二三六－二三七ページ。
(22) フサイン・アミーン「問題と解決—イスラーム共同体の現状」アルムサウワル誌、一九八三年一〇月二八日、五八－六三ページ。
(23) 前掲書『変貌する世界におけるイスラーム』一五八－一六一ページ。
(24) フサイン・アミーン『裁判官の家で』翻訳、ヴァティキオティス、中東研究、二五、一番、一九八九年一月、二三－三〇ページ。*Fi bayt al-qadi* (The Judge's House), *al-Musawwar*, 6. 26, 1987.

(25) 前掲書『変貌する世界におけるイスラーム』二六、七一-七ページ。
(26) 前掲書『シャリーアの適用への呼びかけ』一一三-一一五ページ。
(27) フサイン・アミーン「イスラームの協議制と西洋の民主制」BBCArabic.com 二〇〇三年九月九日。
(28) 前掲書『シャリーアの適用への呼びかけ』八〇-八二、一七二-一七六ページ。
(29) 前掲書『アフマド・アミーンの家で』一五四ページ。

第7章　結　　語

時として詳細にではあったが、思想の機微にも触れるかたちで父子両者の議論を見てきた。それらは比重を変えて継承され、あるいは発展させられてきたという結論が得られた。

ここの結語においてはそれを受けて、今一度各自の時代背景を前提に、どのように思想の異同がいわば世代間の現象として見られたかを、論点ごとのミクロの視点と、全体像としてのマクロの視点から整理してみたい。

次いでここで取り上げるのは、思想的立場としての自由主義自体の存続であり、継承という観点である。本書の大半は父アフマドと息子フサインの両名に限って詳述してきたが、最後に視野をまずはフサイン以外の家族にも広げたい。人文科学以外の専攻であっても、フサインの兄弟がしきりにイスラーム論を展開している様は、いわばこの分野の仕事はある種のファミリー・ヴェンチャーと化しているという状況である。ここに相当、中東アラブ独特の家族の紐帯という、固有の強いネットワークが働いていることを垣間見るのである。

最後には、やはり自由主義の実態のもう一つの重要な側面である、現今の国際的自由主義の前進である。その規模は大きく深度が深いので、ちょうど一六世紀、ルターの起こしたような改革に匹敵するとして、現代における「イスラーム宗教改革」とも称されているのである。宗教刷新よりはいっそう本腰の入った宗教改革はまだまだ進行中で、とてもその全体的な評価は時期尚早である。ここの目的は、視野を広げてその現状の段階を把握し、紹介しようということで、そうすることで本書の大きな主題であるエジプト自由主義の実態のより正確な位置づけと評価に資することとしたい。

世代間の異同

1 ミクロの視点

要点のみを省みると、まず信仰論については、アフマドは主として二三回にわたる断食月のラジオ放送講座において、信仰の内容と功徳、信仰が人生に必要であることと、人としての本源的な課題であることを、全幅に論じ提示した。一方フサインは、歴史の流れ全体が、その中軸においてアラーの意図の表れであり、信仰の真髄と一致しているとしながらも、その真髄とは何かについては論議はしないで、ほとんど父アフマドの熱論に委ねた格好になっているのでである。

　そして両者ともが、信仰の軸を揺るがせにせず、他方で変動する時代状況に合った柔軟なイスラームの考え方をイジュティハードによって達成することこそが、預言者以来の伝統であるとした。またそうしたあり方に、これからのイスラームの復興の途があるとしたのであった。

　神秘主義については、アフマド自身が感情移入による信仰へのアプローチに強く惹かれていた。他方フサインはそのような傾向はなく、むしろ全般的には神秘主義はイスラームにさまざまな逸脱をもたらした要因であったとして批判的であった。ところが一〇世紀までの神秘主義に関しては、イスラームが思弁的な神学により人々の気持ちから離れつつあった時代においてその穴埋めをしたので、非常に積極的かつ建設的な役割を果たした、として歴史的な観点から前向きな評価を明言した。そうすることで、フサインは父子の間の、正面からの衝突を回避することができたのであった。

　シーア派に関しては、アフマドはヨーロッパのイスラーム学に依拠しつつ、それはペルシア起源であるとした。他方フサインはその起源をアラビア半島南部の部族の主張に求め、したがってそれはオランダのドーズィーらの学説と異なっていることを明言した。父アフマドの見解は、かなり西洋イスラーム学の翻案だとの批判が主として欧米にあったことを意識してのことと思われる。そこには同時に、欧米イスラーム学からの独立を鮮明にする意味も汲み取れるのである。

文明論に関しては、アフマドは一旦、西洋文明に対する敵愾心を表明したが、結局は人間性あふれる新たな文明を志向するかたちで全体の議論を締めくくることとなった。この点、フサインは西洋文明を強く非難する過激派と対決することとなり、むしろ西洋文明の受け入れは彼の前提となる脈絡に置かれた。しかし西洋批判の心理的構造を作る要因——十字軍症候群、パレスチナ問題、欧米流イスラーム学による歪曲——が現実に存続していると見られるかぎり、今後へ向けてはフサインにおいても批判を口にする可能性が引き続き底流として潜んでいると想定せざるをえない。

政治面ではアフマドはナセルの独裁制ではなく共和制を望むと表明、他方フサインはムバーラクを敵とする過激派に対決する以上、彼自身がムバーラク批判を表明することなく推移している。だが以上の二つの論点——西洋文明とムバーラク軍事独裁体制——は、将来過激派の勢いが収まる状況になれば、フサインら自由主義者たちも批判しはじめる可能性が、いわば地中に埋められた地雷のように潜んでいることは否定できない。

2 マクロの視点

マクロの視点からすれば、父子を通じて理性を重視し、強調した点は大きな共通点である。宗教についても最大限、理性を働かせるべきだとのアフマドの主張は、一九世紀末以来のイスラーム改革者ムハンマド・アブドゥフの説いてやまないことでもあった。フサインにおいては、理性重視はイスラーム解釈における歴史性の強調というかたちで発揮されたと見てしかるべきであろう。そしてこの点は、すでに本書で十分指摘したところである。

また両者の共通点として、中間派、あるいは中道派とも称される立場を取っていることもすでに見た。大文豪アルアッカードは、アフマドを中間学派と呼んでいた。フサインはシャリーアをトルコのように唾棄することも、過激派のように無批判な全面適用を主張することも避けるというところから議論を出発させていた。信仰の真髄は不動に抑えつつも、極端で意固地な考えを警戒するところに、思考の自由な展開を可能にする、自由主義の一つの主要な源泉を見出すのである。

次いでここで新たな指摘をしておきたい。それは両者の置かれた政治的な状況の反映として、アフマドにおいてはその視野は広くアラブ・イスラームに開かれていたが、息子フサインのそれは主としてエジプト一国を念頭に置いたものであるということである。

アフマドは一度としてエジプト一国だけを対象として取り上げたり、その独自性を主張するエジプト主義を表明したことはなかった。それよりもむしろ、積極的にアラブ・イスラーム、あるいは東洋といった展望がいつも念頭にあった。他方フサインの着目する論点は常にエジプトの範囲を出るものではなかった。過激派との論争もエジプトのそれであり、シャリーアの全面適用を糾弾する時の論敵は国内の過激派に変わりはなかった。また彼は東洋主義に関して一切与することもなく、またそれに論及することもなかった。

こうした視野と展望の異同は、それぞれが置かれた時代状況の差に端を発していると見るのが最も至当であろう。つまり、アフマドの活躍した一九三〇年代から四〇年代は、アラブ・イスラーム志向の時代であった。それは農村出身の伝統文化を背負った若者の都会進出による現象でもあった。この兆候は文学面でも現れたことは本書第2章で明らかにしているし、さらにはその後、五〇年代から六〇年代にかけてのナセルのアラブ統一運動において頂点に達した。他方においてアラブ諸国独立が達成され、アラブ民族主義の勢いも平静化した二〇世紀終盤になると、各国とも一国主義の時代へと推移したのであった。

各論点における異同もさることながら、このような歴史的な枠組全体の推移は得てして規模の大きさからして、見過ごされがちかもしれない。それは日々の天気の変化は気づきやすくても、季節が変わる際の大きな天候の変化は瞬時には感知しにくいのに似ている。したがってここに、結語の一部として指摘する意味があろう。

家族の中の自由主義

本書第1章において、フサインはアフマドに対して、何か「強い障壁」を感じたと述べている点に言及した。その内容は、おそらく伝統的な共同体的あり方から近代社会の一つのメルクマールとされる、利益社会への変貌に伴うさまざまなギャップがあったのではないかとも指摘した。それは通常、世代間の差としても捉えられるものも排除しない。

しかし以下に述べようとすることは、それとは正反対の方向ではあるが、中東アラブ・ムスリムの社会では引き続き強い家族の紐帯があり、それが自由主義の継承と発展を考える際にも、大きな要素になっているという点である。この紐帯について、三つの側面から少し詳しく見てみよう。

第一の側面は、フサインはじめ他の兄弟もイスラームなどの文化分野において、自由主義の立場から執筆活動を展開したという、一見当たり前のことである。これは息子たちの職業などを知るまでは、何も新味がないように響くかもしれない。しかし、フサインは長年外交官を務め官吏を職業としていたし、その弟ガラールは在カイロのアメリカン大学で現代経済学教授であり、そして最年長のハーフィズは工学技師であった。この中で誰一人としてイスラーム学や歴史の職業的な専門家でもなければ、ましてやウラマー層の一員でもなかったのである。

ところがハーフィズは、アフマド死去四〇周年記念特集を文化省の委託により、他の数名の寄稿者とともにまとめている。ガラールも回顧録をまとめており、その題名『人生が教えてくれたもの』（二〇〇八年）はアフマドが好んで書いた論考と同じ題名である。フサインは著作『アフマド・アミーンの家で』（一九八五年）を出したが、ガラールは改めてその中に長い論考を寄せて、アフマドの人と成りや彼との家庭生活をつぶさに記した。

第二には、兄弟の誰もが歴史を好んで、イスラームを論じるにあたり歴史的意識とその視点を重視したということがある。信仰の中枢は不動であるとしても、歴史的な相対主義でさまざまな法的問題などを考えるべし、とするのである。イスラーム初期はラクダ、とくに雌ラクダを盗むと厳罰に処せられたのは、砂漠の足と食料源を奪うことであり、それは一人ではなく部族全員に対する大量虐殺に相当するからであった。羊皮の水入れを盗んでも同様の措置が取られた。しかし現在では、それらをそのまま適用するのは、時代と社会的背景が異なり不適切としなければならない、といった主張になるのである。歴史好きについて言えば、フサインが一〇代の初め頃、父親のイスラーム史シリーズに熱中するあまり、四代正統ハリーファについて書きはじめていたことは前に見たとおりである。

第三は、誰もが文明論に盛んに加わったという点である。フサインのそれは本書第5章に述べたので、ここではその弟にあたる、ガラールの主張を見てみよう。

写真26　ガラール・アミーン（六男）

彼は、いわゆる経済援助は、途上国の害になると言う。借款は利子を取る行為そのものであり、援助国の物資とサービスの輸出振興である、直接投資も企業利益が優先され、いずれの場合もそれらから受益できる階層とそうでない貧困階層に途上国を分断することにもなることを懸念する。また社会的にもひずみを生じ、ゆったりした生活や安定性を失わせ、家族の絆も傷つけてしまう。発展とは結局、西洋化であり西洋への依存でしかないのだ、われわれが必要とするのは、独立した発展である、と主張する。そのための労働力や資本は持ち合わせているのであり、独立が保持できていれば、西洋が労働力や資本を途上国に求める際も、交渉上有利さを保つことができるはずだとして、彼は言う。

「第三世界で起こっているのは、文明間の劇的な出会いということであり、そこではいつも弱者が高値を払わされている。」(1)

こうしてガラールにとっては、現代においてもタタールやモンゴルなどのような攻撃(ガズウ)は続いているのである。アラブは西洋文明を摂取するのに取捨選択する必要があり、それは中国がソ連邦とは異なったかたちで、マルキシズムをうまく独自の方法で採用したようなものだとする。貯蓄・投資理論だけで発展はできないのであり、そこには心理的な要素が求められる、そしてその要素は、アラブ人の潜在能力を開花させるものとしてイスラームが提供するのだ、と結んでいる。(2)

一見経済論議ではあっても、いつの間にか父アフマドと映像が重なってくるのである。そして対西洋観として、競争心はもとより警戒心があり、場合によっては敵愾心が世代をまたがって、また家族全員に通底していることも観取されるのである。

国際的自由主義、あるいはイスラーム宗教大改革について

本書第3章では、フサインだけではなく、エジプト国内における自由主義の広がりを展望した。それは相当の数であり、社会の各界にまたがる規模であった。本節で紹介するのは、その広がりは実は国際的なものであるという点である。まずは現状を具体的に見てみよう。

●ムハンマド・アルクーン（一九二九－、アルジェリア）　ソルボンヌ大学卒業後、同大学で教鞭をとる。啓示を総合的に理解しようとし、クルアーンの解釈に関しても、宗教学、言語学、人類学、歴史学、文献学、社会学など、現代諸科学を総合的に駆使することを提唱する。ただし、いまだ自らの全体的な新解釈は示していない。

●ファズル・ラフマーン（一九一九－八八、パキスタン）　預言者伝承に関して、各伝承のばらばらな解釈ではなく、全体的な目的をもってするアプローチを提唱する。

●アブドゥッラーヒ・アフマド・アンナイーム（一九四八－、スーダン）　米国エモリー大学で研究、母国からは政治逃亡。シャリーアの解釈は市民的理性にもとづくべしと主張する。人権を最優先し、他宗教との並存を前提とする。

●アブドゥー・フィラーリー・アンサーリー（一九四六－、モロッコ）　哲学の見直しを提唱

する。中世のイスラームでは拒否されたが、西欧の近代を開眼させた懐疑の視点を提供する、イブン・ルシュドの二重の真理説（理性は倫理を提供しないので宗教へと導くが、他方で信仰はこの世においては理性に倫理を実働させるという二元論）を復権させようとする。

●アブド・アルカリーム・ソルーシュ（一九四五－、イラン）　信仰と神学を峻別して、信仰そのものの強化を目指している。習慣や大勢順応でムスリムとなるのではなく、自由意志と個人的コミットメントで篤信者となるように、もっと内省的な信徒となるように説いている。

右はもちろん著名な動きの例示にすぎないが、従来の西洋文明との対決姿勢ではなく、それを遥かに越えて人権、民主主義、宗教多元主義、個人主義、男女平等など人類的な諸課題を念頭に置くようになってきていることが共通している。

その底流としては、西洋とのむしろ対等な意識に立って、そのうえでイスラームの新しい役割として、人類的な貢献を積極的に行おうという姿勢である。そして今やその分野は、クルアーンや預言者伝承の新たな解釈、シャリーアの再解釈、哲学、神学、信仰論の深化など、イスラーム信仰の全方面をカバーしつつあるのである。

このような新たな動向を総称して、イスラームの大改革と呼ぶ人もいる。(3)その意図は、部分部分の従来型の改革の試みではなく、総合的全体的な規模の改革であり、地球が小さな村になりつつある現在、信仰の真の意義とその新たなあり方を根源的に問い直そうとするものである。それはあたかも一五－一六世紀のヨーロッパにおいて、原典中心の信仰を聖職者から信者各自に取り戻したマルティン・ルターの果たした役割の大きさに近いとして、「イスラームの宗教大改革」と称されるのである。(4)

この大きなうねりの課題であり、主な狙いはほぼ右に記した内容であるが、方法論的には次のような共通点が指摘される。第一には、歴史相対主義の下で、歴史的な社会の制約を考慮に入れつつ解釈し、理解しようとする。第二には、文学的な比喩表現と史実を峻別しようとして、すべてを字義どおりに受け止める姿勢はとらない。第三には、信仰に関してその本質と付随に二大別しようとする発想を持つことが挙げられる。

こうして国際的な規模でさまざまな取り組みが行われ、種々の提唱が見られる現状はあるものの、いまだそれほど決定的な影響を持った解釈や学説が出されているわけではない。省みると、互いに影響しあってはいるが、やはりフサイン・アミーンにおいて観察したように、現代は一国主義の時代に入っており、国境を越えたかたちでの実践の動きがいまだに本格的には着手されていないことと表裏一体でもある。

こうした現状を踏まえて、一一－一二世紀、思弁神学と神秘主義の総合を果たして、イスラーム信仰の蘇生を達成したアブー・ハミード・アルガザーリーに寄せて、彼のような大思想家の出現を待ち焦がれる声も聞かれるこの頃である。

注（1）　ガラール・アミーン「依存した発展」*Alternatives* 二、一九七六年、三九九ページ。
（2）　ガラール・アミーン『成長か、あるいは経済的文化的服従か？』カイロ、一九八三年、一一四－一二一ページ「文明的攻撃―われわれはそれにどう対処するか？」。
（3）　ナスル・ハミード・アブーザイド『イスラーム思想の大改革』アムステルダム、二〇〇六年参照。
（4）　英語ではリフォームとリフォーメイションの用語の違いがあるが、日本語もアラビア語もそれらは改革（アラビア語ではイスラーフ）としか言いようがない。そこでリフォーメイションを大改革とした。

あとがき――二一世紀へ向けて

中東・イスラーム政治社会の動揺

本年の中東・イスラームの国々は、チュニジアのジャスミーン革命で始まった。平和な地中海の国だと見られていただけに、それを聞いて驚かなかった人はいないだろう。そしてその余波がエジプトに直接及び、その余震はさらに周辺国にも達するに至り驚きは倍加している。同時に人の疑問も増大した。それは、どうしてその地域では、独裁制、軍事介入、そしてとどのつまりは急速な革命への展開となるのか、要するに、その政治社会はなぜ不安定で動揺の幅がこのように大きいのかということである。

他方、この一連の疑問は、中東をめぐる政治研究の課題としては夙に議論されてきた事柄でもある。政治思想、政治制度、あるいは国民国家と宗教社会との不一致などなど、種々の指摘が重ねられてきた。その全貌は本書の課題を越えるものであり別の機会に譲ることとなる。ここではあまり目が向けられない一点に焦点を絞ることとしたい。

現代になる以前の中東・イスラームでは、約四〇〇年の長きにおよんでオスマーン帝国が安定した支配体制を敷いていた。そこではどの政治社会にも存在する支配、被支配の関係は、当然ながら生硬な、直接的なものではなかった。上意下達であれ、逆方向の民意の表明や陳情であれ、二者間にはウラマーや豪商、そして土地の名士などがいて、両者間の緩衝材、バッファーとして機能してきた。それだからこそ、正面衝突ではなく、物事は軟着陸し安定性が保たれたのであった。欧米の発想であれば、これは市民社会と呼ばれるものに近い。

この縦と横のバランスが崩れたのは、西欧に追いつくための近代化を一途に追い求めた結果であった。つまり近代化は富国強兵を求める政策として、国家権力を急速に肥大化した。同時にこの行政権限の伸張は、庶民生活の横のネットワークを無視し、その存在を時に邪魔者とも見なして進められたのであった。その様は、わが国を省みることで相当想像し理解されるであろう。日本でも、国民あっても市民なし、と久しく指摘されてきた。

以上に加えて、それまではいわば判例集の類であったイスラーム法の実定法化促進が進み、ウラマーたちが解釈権限を発揮する範囲も激減することとなった。また裁判制度や教育制度の改革により彼らの居所は奪われた。元来、支配者も敬い一目置く存在であり、統治者への訓示を垂れる役割も果たしてきたウラマーではあったが、弱体化の趨勢はそのまま今日に至っている。以上を背景として、イラクのサダム・フサインやエジプトのムバーラクの登場となったのであった。

欧米からの視点

本書に見たようにイスラームは引き続き強靭なことを念頭におきつつ、二一世紀に向けて中東・イスラームへの、とくに欧米からのアプローチのあり方、あるいはその姿勢に是正するところはないのかという問題を最後に提起して、あとがきに代えることとしたい。それは日本にとって反面教師の意味を持つ可能性がある。

中東とはまだ歴史の浅い日本から見ると、同地域においてイスラームをめぐる議論が日常的に真剣に行われていること自体、相当の驚きであり新味のある話として映って不思議はない。他方、中東の欧米との歴史は長いだけではなく、内容的にほとんど常に対立的であり敵対的でさえあった。その象徴的な出来事が十字軍であり、植民地主義、そしてその延長としてのパレスチナ問題が現在に至っても火を噴いているのである。したがって欧米からすると、中東地域のあり方に関心が深くなるのみならず、注文もいろいろ付けたくなるのは自然な流れとして理解できる。

その流れが最近はとくに民主主義の実施であり、さらには政教分離を旨とする世俗主義の呼びかけ、そして過激な兆候を排するための自由主義や中道派への期待感となって現れてきた。本書の主題である自由主義との関係を中心に見ると、欧米がそれを中東との関係で語るときには、主として以下の二つの視点が意識されてきたと言えよう。

まず初めの視点は、過激派への対抗勢力としての自由主義であり、思想的原点として自由主義が機能することへの期待感である。何も自由主義の立場だけが過激派によく対抗するのではなく、実際上は政府の公権力、そして多くの場合は軍も動員しての暴力的な抑圧策が、最も直接の効果を発揮することも確かではあるが。

その例として本書で見たとおり、フサインは激しく過激派を攻撃してきたし、また筆舌を尽くして攻撃の手を休めなかったファラジュ・フーダは、一九九二年、カイロの自宅前で過激派の凶弾に倒れたのであった。一方、右暗殺事件以降、九〇年代エジプト政府の過激派弾圧強化の成果として、伝統主義者の中からアルカラダウィーらいわゆる中道派の一味がかつての仲間から袖を分かつかたちで論壇に登場することともなったし、あるいはムスリム同胞団の中からも穏健派が飛び出すかたちで、中間党の結成が進められたこともあった。

欧米からしてのもう一つの視点は、自由主義が内包している諸価値、中でも個人の自由や平等などを実現するといった意味での社会改革を期待するものであろう。それは言い換えれば、民主主義への呼びかけであり、市民社会の確立により透明性の高い政権の樹立を求める気持ちでもある。これらの達成は欧米から見れば、欧米と同質性の高い社会をもたらすということであるので、当然透明性も高まるということにもなる。しかし欧米の主張点はそのようにいわば身勝手なものではなく、一般的に言っていずこの人間社会であっても、持続する成長と協調的な関係を醸成しそれを保つためには、それらの諸価値の実現が必要であると説得に努めるのであろう。

このように並び立つ二つの視点があると言える。そのうち第一の過激派対抗策という面ではある程度の効果が上がっていると見られる。だが第二の自由・平等を中心とした価値の社会的国家的レベルでの確立については、さほど進展が見られていないのが現状である。中東においてはいずこも不透明で不鮮明な政治体制ばかりで、いまだ闇の中からは出てきていないのである。本書でも触れた、ムスリム民主主義といわれる事例がそれへの序章かという期待感を持ちつつ見られることもあるが、それも結局、二〇世紀末にトルコ、マレーシアなどで登場したにすぎないのである。

二〇〇三年、イラクとの戦争を始めたときのアメリカ行政府の期待の一端は、第二次大戦終了後にドイツと日本を民主化するのに成功したことであったという。同様な途がイラクに開けないかと考えたのであった。これはまだまだ回答の出ない問題ではあるが、はたして中東・イスラームを背景として、同様のシナリオが現実のものとなるのであろうか。今後が注目される。

・イスラームという背景

さまざまな主張や試みがなされてきたとしても、言葉の純粋な意味での政教分離を基礎とする政体は中東・イスラームではまだ実現されていない。唯一例外的なのは、政府がイスラーム傾斜を強めるとそれを軍隊が阻止する機能を果たすというトルコのケースである。それを除いては、いずこもイスラームが政治的な諸価値を引き続き提供する源泉となっている。ムスリムからすれば、個人の自由や平等などはすでにイスラームの中に包摂されており、それは何も欧米に言われなくても何世紀も前から教えの一部であり、また社会的にも浸透し目標に掲げられてきている、という反論の声が聞こえてきそうでもある。

それよりはアラブの間で強調される価値観は、正義であることを本書で見てきた。アフマドの場合は、それはさらに社会的な側面が強調されたものであった。その内容としては彼の議論によると、各個人の持てる才能を十全に発揮できることが社会的な正義であり、その実現は国家の責務であると論じていた。ではその国家の責務実現のための方策や制度はどうあるべきなのであろうか？

この点に関するイスラームの定めや教えは、ほとんど皆無であることも本書で述べ来ったところである。民主主義でもなければ、独裁制でもない。そこで重視されることは、政権樹立の実際の方法が何であれ全体的に見てシャリーアに則っていること、並びに比重が掛けられるのは政策施行の結果であり成果なのである。そこでイスラームの想定し目標として掲げる社会観を著者なりに簡潔に言うならば、共生を基礎に据えて、喜捨や高齢者・困窮者などへの福利厚生策に重点をおいた、一種の家長社会のイメージであるといって差し支えないと思われる。

本書で多く見たとおり、アフマドは政治議論ではイスラームの脈絡とは離れて諸価値を説いていたが、それでも決してイスラームから逸脱するような様相は見せなかった。イスラームの言葉は一度も使用しない彼の文明論も同様のパターンであった。フサインにおいては、さらにイスラームとの強い連携が表面化する形で論が展開していた。彼は正しいイスラームこそは多くの問題解決の基本であり、歴史の進展は全般的にはアッラーの意思に即しているものと観念すべきであるとも主張していた。

こうした議論において見逃せないのは、決して独裁制そのものが批判の対象とはなっていないということである。事実、伝統的に扱われてきた唯一の政治制度はハリーファ制であり、それはクルアーンの基礎は持っていないとしても、ハリーファの選出方法やその資格論は、かまびすしく法学者が論争してきたのであった。アフマドはナセル革命直後に、速やかに共和制に復帰することを念願し、ナセル体制をそれなりに批判した。しかし、フサインの同時代にはムバーラクへの批判は、まったく耳にすることはなかった。同政権が三〇年以上にわたり、いかに家長的な統治であったとしても、一貫して軍事独裁制であることは否めない事実である。そこで欧米の識者は、フサインらはどうして独裁制批判の声をもっと前面に出さないのか、あるいは出せないのかと苛立ちを募らせてきた。

欧米の経験則に則れば、独裁制は不可避的に権力の行使を誤ることとなり、その腐敗に導くこと必定であるとするのであろう。そこでそれは出現してはならないし、もし登場すればそれは速やかに除去すべきものであるということ以外に選択肢はない。他方、中東・イスラームの経験則は、まったく逆を示していると言えそうだ。

まずムスリムにとって最善の時代であったのは、紀元七世紀の預言者と正統四代ハリーファの時代であったのだ。それこそは間違いなく、理想的な統治であったのだ。翻って現代を見ても、イランのホメイニー革命後、政治的に相当平静に推移していることは、独裁に他ならない一人の法学者による統治が広く支持を集めていることを示唆する。また湾岸諸国全体は、石油資金という、降って湧いた富による支援があるとしても、いずれの国においても無税であり、「慈悲」あふれる指導者により、順調な施政が進められていると見られる。

他方忘れられないのは、欧米の政治的腐敗と経済的不平等さをもたらす政策を批判しているのは、何もイスラームの過激派に限られるわけではないのである。アメリカ資本主義とその拝金主義やグローバリズムに直撃を被り、広く激しい国際的非難が浴びせられているのだ。富めるものだけをより富ませ、貧しいものをより貧しくすることとなっているとの批判は、ガラールの議論に見たとおりである。

本書で詳細に見たのは、アフマドとフサイン両者に共通した西洋文明を評価しつつも警戒心を忘れない姿勢であった。まず西洋文明は精神性において欠陥があることを重視していた。さらに、十字軍症候群、パレスチナ問題に象徴される植民地主義とその残滓、そしてイスラーム文明とイスラーム諸学問への中傷と曲解、という三大要因にもとづく反発に端を発したものであった。これらの要因はいずれも今日現在、すべて消え去らずに、中東・イスラームの心奥深くで、熱いマグマのように流れていると見なければいけない。そしてこのマグマはどこから吹き上げようかと、その出口を常に探っているのである。いずれそれを見つけるであろうし、それが噴出する時は過激派も穏健派もなく、おそらく大なり小なり、全員大合唱をするというシーンを眼前にすることであろう。

・挑戦は現実であること

このような状況把握を前提として、「東洋と西洋」の双方が平行線から抜け出すには、今後何が求められるのであろうか？　この検討はもちろん未来論であり、政策問題であるので、そのための本腰を入れた議論は本書の趣旨と範囲を超えている。しかしそうではあっても、本書で導かれた結論や、浮かび上がってきた景観から引き出しうるポイントとして、以下二点記しておくことは許されるであろう。

まずこの挑戦の存在は現実のものであり、ただ机上の空論や理論的可能性ではないことを確認することから話は始めなければならない。しかしそれは何も今始まったわけではなく、過去何十年とくすぶり続けてきているものである。したがって逆に見れば、関係諸国や関係者の知恵と忍耐で乗り切ることができるとの希望を持つことができるのである。

本書での検討から出て来るポイントの第一は、欧米がイスラーム諸国の政治的評価を下して、口を挟む場合の姿勢に関するものである。右に見た状況が大前提であることを念頭に置いて、その注文をできるかぎり具体的な内容にすることではないだろうか。何らかの現象や事象を見て、直ちにイスラーム側の全般的な姿勢や傾向を問題にするのではなく、またましてや文化、文明全体を槍玉に挙げるのではなくて、個々の問題を個別具体的に指摘しようとする発想であり態度である。

他者へ過剰な注文を抽象的にする場合は、それをする側が横柄であるか、あるいは思い入れが強すぎて、どこかボタンの掛け違いが生じているケースが大半である。例えば、ある人の一つの特定の過ちを見てその人の全般的な性格やさらにはその人の成り立ちまでを問題視するようなものである。イスラームは時に混乱や非論理的な動向を政治的にとるにしても、何と言っても幾世紀を生き抜いてきた国際社会の強者《つわもの》である。その強靭さはすでに十分現代世界に示されているはずだが、得てしてそのような変化に馴染まない側面を軽視する弊が欧米には見られることが少なくない。それは焦りとも映るのである。

では具体的な指摘とは、どのようなものを言うのであろうか。著者の思考をめぐらせても限りがあるが、その一例として、火山爆発、あるいは地震や津波といった天災が、幾度もイスラーム諸国を襲ってきた。そのようなときに、豊かなイスラーム諸国は十分な支援を提供してきたのであろうか？　あるいは、イスラーム諸国で行われている麻薬栽培についてはどうであろうか？　それはそもそもシャリーアで栽培も使用も禁止されているものではないのだろうか？　それとの戦いは、国際社会全体の取り組みも必要だが、まずは率先してイスラーム諸国自身が立ち上がるべきなのではないか？

こういった具体的な設問とタースキングが、彼我の双方にとってより効果的だろうと思われるのである。つまり効果的であるという意味は、具体的な事柄ならば全般的な姿勢を問われるよりも指摘を受けたほうは対処するのに取り組みやすいし、国家の政治制度全体が問題だといわれてもどうしようもないと面食らうよりは、はるかに生産的であるともいえる。

第二に考慮したいことは、良い業績はやはりそれについて、前向きな評価を正当にすることが不可欠であるということだ。これは国家レベルもさることながら、まず個人レベルで考えても文字どおり言えることではないだろうか？　相手へ名誉と尊敬を表することであり、それは人の持つ知恵でもある。そして聞くほうは、他からの賞賛であれ、批判であれ、慎重かつ素直に聞く耳を持つべきことも、世界の東西を問わずに個人レベル、国家レベルの双方で求められることであろう。欧米は中東の動向に関し、何も賞賛に値するものを見出しえないのであろうか？

人類社会の分断を避けるためにアフマドが呼びかけた概念は、失われた輪（アルハルカ・アルマフクーダ）の復元である。機械的な万能薬はない。知恵と工夫を縦横に働かせ、常々意思疎通のチャネルを太くして、よりよい心の触れ合いを図るということに尽きる。イスラームは今世紀も強い信仰体系として大きな影響力を及ぼすことをむしろ前提として、それへの対応とそれとの関係構築を図る必要があるのだ。それは、二一世紀の今日に向けての原点を確認するものであるとも言えよう。

エジプト近現代年表

一七八九年　ナポレオンのエジプト侵入
一八〇五年　ムハンマド・アリー王朝の成立
一八五三年　ペリー提督浦賀に来航
一八五六年　カイロ―アレキサンドリア間鉄道完成
一八六一年　米国の南北戦争開戦
一八六八年　明治維新
一八六九年　スエズ運河開通
一八七二年　アズハル改革の初め―試験制度改革
一八七五年　スエズ運河会社の株式をイギリスが買収
一八七六年　エジプト財政破産、英仏二元管理へ
一八八一年　オラービー大佐の対英軍反乱
一八八二年　イギリスのエジプト軍事占領
一八八六年　アフマド・アミーン生まれる
一八九五年　アズハル改革―近代的課目の導入
一八九九年　カースィム・アミーン『婦人の解放』出版

一九〇〇年　カースィム・アミーン『新しい女性』出版
一九〇四年　日露戦争
一九〇五年　イラン立憲革命
一九〇六年　デンシャワイ村の対英軍抵抗事件
一九〇八年　エジプト（国民）大学創設
一九一四年　七月　第一次世界大戦始まる
一二月　エジプトはイギリスの保護下へ
一九一八年一一月　ワフド党結成（党首ザグルール）
一九一九年　一月　パリ講和会議開催
三月　ザグルールら逮捕、マルタへ追放
一九年革命の全国的広がり
四月　ザグルールら釈放されフランスへ
一九二〇年　六月　ザグルールらイギリスへ
アフマド・アミーン『倫理学』出版
一九二一年　二月　英ミルナー調査団報告、エジプト保護に終止符を
四月　ザグルールらエジプトに帰国
一二月　ザグルールらセイシェルへ追放
一九二二年　二月　イギリスのエジプトに対する一方的独立宣言

一九二三年　三月　ファード国王即位
　　　　　三月　自由立憲党設立
　　　　　四月　エジプト憲法発布
　　　　　九月　ザグルールらエジプトに帰国
　　　　一〇月　トルコ共和国宣言
一九二四年　一月　第一回選挙、ワフド党政権成立
　　　　　　　　ターハ・フサイン『進化論について』出版
一九二五年　　　アリー・アブドルラーズィック『イスラーム統治の基本』出版
一九二六年　　　ターハ・フサイン『ジャーヒリーヤ詩について』出版（強く批判される）
一九二七年　　　**アフマド・アミーン、カイロ大学文学部に転出**
　　　　　　　　ターハ・フサイン『ジャーヒリーヤ文学について』出版（批判を回避）
一九二八年　三月　ムスリム同胞団結成（イスマーイーリーヤ市）
　　　　　　　　アフマド・アミーン『イスラームの暁』出版
一九三〇年一〇月　憲法廃止、新憲法と新選挙法草案作成
一九三二年　　**フサイン・アミーン生まれる**
一九三三年　　**アフマド・アミーン『イスラームの午前』出版、全三巻（―三六年）**
一九三五年　四月　二三年憲法復活
　　　　一〇月　イタリアのエチオピア侵攻

一九三六年　四月　ファルーク国王即位
同月　パレスチナ反乱（一三九年）
六月　英・エジプト条約締結（二〇年間有効）
一九三八年　アフマド・アミーン『溢れる随想』出版、全一〇巻（一五六年）
一九三九年　一月　ターハ・フサイン『エジプトにおける文化の将来』出版
第二次世界大戦始まる（ドイツのポーランド侵攻）
一九四二年　二月　二・四事件（英軍アービディン宮殿を戦車で取り巻き、エジプト首相更迭を迫る）
一九四五年　二月　エジプト、連合国側で第二次大戦に参戦
アフマド・アミーン『イスラームの正午』出版、全四巻（一五五年）
三月　アラブ連盟成立
六月　国際連合成立
一九四八年　三月　イスラエル独立、第一次中東戦争
一九四九年　二月　ムスリム同胞団指導者ハサン・アルバンナ暗殺される
上エジプト駐屯の若手将校中心に自由将校団結成
一九五〇年　アフマド・アミーン『わたしの人生』出版
一九五二年　一月　カイロ焼き討ち事件
七月　ナセルら自由将校団の軍事革命

一九五四年　五月　アフマド・アミーン『イスラームの一日』出版
アフマド・アミーン死去
一〇月　ナセル暗殺未遂、ナセル大統領就任、ムスリム同胞団禁止
一九五五年　四月　バンドン非同盟諸国会議
アフマド・アミーン『東洋と西洋』出版
一九五六年　一月　新憲法制定
七月　スエズ運河国有化
一〇月　英仏軍スエズ侵攻（第二次中東戦争）
一九五八年　二月　エジプト・シリアのアラブ連合成立（―六一年）
一九六一年　アズハルに新学科導入、大学制に改革
一九六七年　七月　六日戦争（第三次中東戦争）
一九七〇年　九月　ナセル死去、サダト大統領へ
一九七三年一〇月　一〇月戦争（第四次中東戦争）
一九七七年一一月　サダトのイスラエル訪問
一九七八年　九月　キャンプ・デビッド合意
一九七九年一二月　ソ連軍のアフガニスタン侵攻
一九八〇年　九月　イラク軍のイラン侵攻
アラビア語を国際連合の公用語とする総会決議採択

一九八一年一〇月　サダト暗殺、ムバーラク大統領へ
一九八三年　フサイン・アミーン『悲しいムスリムの導き』出版
一九八四年　フサイン・アミーン『シャリーア適用への呼びかけ』出版
一九八五年　フサイン・アミーン『アフマド・アミーンの家で』出版
一九八八年　フサイン・アミーン『変貌する世界におけるイスラーム』出版
一九八九年　フサイン・アミーンの一幕劇『裁判官の家で』発表
一九九〇年　八月　イラク軍のクウェート侵攻
　一〇月　ジハード団のムーサー内務相暗殺未遂、マハグーブ国会議長暗殺
（年内に三二名、過激派に暗殺される）
一九九二年　六月　自由主義思想家ファラジュ・フーダ暗殺される
（年内に一一〇六名、過激派に暗殺される）
一九九三年　伝統派の中から、より穏健な「中間一派」の動き顕著となる（アルカラダウィー、フワイディーら）
フサイン・アミーン『宗教的諸傾向への文明的立場』出版
一九九四年一〇月　作家ナジーブ・マハフーズ暗殺未遂、首負傷、筆は再び持てず
一九九五年　五月　ムバーラク暗殺未遂（ＯＡＵサミットのためエチオピア訪問）
一九九六年　一月　ムスリム同胞団、中間党結成
　七月　ナスル・ハミード・アブーザイド教授のクルアーン解釈につき破門判決、離婚

を迫られ国外へ脱出

二〇〇四年一一月　アラファトPLO議長、カイロで葬送

二〇〇五年　二月　レバノン杉革命、無血の運動によりシリア勢力の一掃を図る

五月　エジプト選挙法改正、複数の大統領候補を認める

二〇〇六年　四月　紅海沿岸などで観光客暗殺される

一一月　ムバーラク、国会で演説、民主的改革を約す

二〇〇七年　四月　国際アムネスティーのエジプト批判、拷問と不法拘束

二〇〇九年　六月　オバマ大統領のカイロ演説、米イスラーム諸国の新関係樹立へ

イラン緑革命（アフマドネジャディ大統領の不正選挙を無血で糾弾）

二〇一〇年　二月　バラダイ前IAEA事務局長帰国し、次期大統領選に出馬宣言

二〇一一年　一月　チュニジア、無血のジャスミーン革命

二月　エジプト、無血革命によりムバーラク大統領辞任へ

tegic Studies," *Survival*, vol. 45, no. 1, (Spring, 2003), pp. 25-44.

Smith, Charles D., "The Crisis of Orientation : The shift of Egyptian Intellectuals to Islamic subjects in the 30's," *Int. J. Middle East Studies*, vol. 4, no. 4, (Oct.,1973), pp. 382-410.

——, "The Intellectual and Modernization: Definitions and Reconsiderations: The Egyptian Experience," *Comparative Studies in Society and History*, 22 No. 4, (1980), pp. 513-533.

Tripp, Charles, and Roger Owen (eds), *Egypt under Mubarak*, London, 1989.

Vatikiotis, P.J., *The Modern History of Egypt*, London, 1985 (3rd ed.).

2003. pp. 37-64.

Reid, D. Malcolm, *Cairo University and the Making of Moddrn Egypt*, Cambridge U.P., 2002.

——, "Cairo University and the Orientalists," *Int. J. of Middle East Studies*, vol. 19, no. 1, (Feb., 1987), pp. 51-75.

Rudolf, Peters, "Divine Law or Man-Made Law? Egypt and the Application of the Shari 'a," *Arab Law Quarterly*, vol. 3, no. 3 (August 1988), pp. 231-253.

Rutherford, Bruce K., *Egypt after Mubarak, Liberalism, Islam and Democracy in the Arab World*, Princeton U.P., 2008.

Safran, Nadav, *Egypt in Search of Political Community*, Harvard U.P., 1961.

Sagiv, David, *Fundamentalism and Intellectuals in Egypt, 1973-1993*, London, 1995

al-Sayyid, Mustapha Kamil, "A Civil Society in Egypt ?," *Middle East Journal*, vol. 47, no. 2, (1993), pp. 229-243.

Shamir, Shimon, "Liberalism: from Monarchy to Post-Revolution," in idem. (ed.), *Egypt from Monarch to Republic: a reassessment of revolution and change*, Boulder, 1995. pp. 195-212.

Shepard, William, *The Faith of a Modern Muslim Intellectual, The Religious Aspects and Implications of the Writings of Ahmad Amin*, New Delhi, 1982.

——, "A Modernist View of Islam and other Religions," *The Muslim World*, 64, 1975. pp. 79-92.

——, "The Political Dilemma of a Liberal, Some Political Implications in the Writings of the Egyptian Scholar, Ahmad Amin (886-1954)," *Middle Eastern Studies*, 16, 1980." pp. 84-95,

Sivan, Emmanuel, "The Clash within Islam, Int. Institute for Stra-

and the Modern Age, No. 7. 1976. pp. 10-34.
——, "Some Aspects of Neo-Mu 'tazilism," *Islamic Studies*, No. 8, 1969. pp. 319-347.

Kurzman, Charles (ed.), *Liberal Islam: A Source book*, Oxford U.P., 1998.

Lewis, Bernard, "Islam and Liberal Democracy," *J. of Democracy*, 7. 2 (1996), pp. 52-63.

Maghraoui, Abdelslam M., *Liberalism without Democracy: Nationhood and Citizenship in Egypt, 1921-1936*, Duke U.P., 2006.

al-Masumi, M. Saghir Hasan, "Professor Ahmad Amin," *Islamic Literature*, 7, 1955, pp. 253-258.

Mazyad, A.M.H., *Ahmad Amin, Advocate of Social and Literary Reform in Egypt*, Leiden, 1963.

Meijer, Roel, *The Quest for Modernity: Secular Liberal and Left-Wing Political Thought in Egypt, 1945-1958*, NY., 2002.

Mizutani, Makoto, *An Intellectual Struggle of a Moderate Muslim: Ahmad Amin*, Ministry of Culture of Egypt, Cairo, 2007.

Nasr, Vali, "The Rise of Muslim Democracy," *Journal of Democracy*, 16: 2, April, 2005, pp. 13-27.

Najjar, Fawzi M., "The Debate on Islam and Secularism in Egypt," *Arab Studies Quarterly*, vol. 18, (Spring 1996). pp. 1-2.

Norton, August Richard, "The Future of Civil Society in the Middle East," *Middle East Journal*, vol. 47, no. 2, (1993), pp. 205-216.

Ostle, Robin, "Modern Egyptian Renaissance Man,'" *Bulletin of the School of Oriental and African Studies*, vol. 57, no. 1, (1994), pp. 184-192.

Polka, Sagi, "The Centrist Stream in Egypt and its Role in the Public Discourse Surrounding the Shaping of the Country's Cultural Identity," *Middle Eastern Studies*, vol. 39, no. 3, July,

Intellectuals to Islamic Subjects in the 1930' s," *Poetics Today*, vol. 15, no. 2, (1994), pp. 241-277.

——, "Rejecting the West: The Image of the West in the Teaching of the Muslim Brotherhood, 1928–1939," in Uriel Dann (ed.), *The Great Powers in the Middle East 1919-1939*. NY., 1988. pp. 370-390.

——, "The Role of Periodicals in Shaping the Intellectual and Cultural Life in Egypt between the Two World Wars," *Bulletin of the Israeli Academic Center in Cairo*, 8, 1987. (unpaginated)

Grunebaum, G. E., *Modern Islam*, N.Y., 1962.

Hatina, Meir, *Identity Politics in the Middle East; Liberal Thought and Islamic Challenge in Egypt*, London, 2007.

Hourani, Albert, *Arabic Thought in the Liberal Age, 1789-1939*, Cambridge U.P., 1983.

Ibrahim, Saad Eddin, "Egypt' s Islamic Activism in the 1980s," Third World Quarterly, vol. 10, no. 2, (April, 1988). pp. 332-357.

Jankowski, James, "The Eastern Idea and the Eastern Union in Interwar Egypt," *Int. J. of African Historical Studies*, vol. 14, no. 4, (1981), pp. 643-666.

Keddie, Nikki R., "Intellectuals in the Modern Middle East: A Brief Historical Consideration," *Daedalus*, vol.101, no.3 (Summer, 1972). pp. 39-57

Kedourie, Elie, "Intellectuals in the Modern Middle East: A Brief Historical Consideration," *Daedalus*, vol. 101, no. 3, (summer, 1972), pp. 39-57.

Khalid, Detlev, "Ahmad Amin and the Legacy of Muhammad 'Abduh," *Islamic Studies*, No. 9, 1970. pp. 1-31.

——, "Ahmad Amin - A Modern Interpretation of Muslim Universalism," *Islamic Studies*, No. 8. 1969. pp. 47-93.

——, "Iqbal and Ahmad Amin: A Comparative Study," *Islam*

(Feb. 1988), pp. 67-91.
Deeb, Marius, *Party Politics in Egypt: the Wafd & its Rivals 1919-1939*, London, 1979.
Delanoue, Gilbert, "Les intellectuels et l'Etat en Egypte aux XIXème et XXème siècles," *Les Intellectuels et le Pouvoir; Syrie, Egypte, Tunisie, Algérie,* Centre d'études et de documentation économique juridique et sociale, Cairo, 1986. pp. 19-30.
Enayat, Hamid, *Modern Islamic Political Thought*, Austin, Uni. of Texas Press, 1988.
Erlich, Haggai, *Students and University in 20th Century Egyptian Politics*, London 1989.
Gershoni, Israel, and James P. Jankowski, *Egypt, Islam and the Arabs, the Search for Egyptian Nationhood 1900-1939*, Oxford, 1987.
——, and James P. Jankowski, *Redefining the Egyptian nation, 1930-1945*, Cambridge, Cambridge U.P., 1995.
——, and James P. Jankowski, "Print Culture, Social Change, and the Process of Redefining Imagined Communities in Egypt, Response to the Review by Charles D. Smith of *Redefining the Egyptian Nation*," *Int. J. Middle East*, vol. 31, no. 1., (Feb. 1999). pp. 81-94.
Gershoni, Israel, "Egyptian Intellectual History and Egyptian Intellectuals in the Interwar Period," *Asian and African Studies*, vol. 19, no. 3, (Nov.,1985). pp. 333-364.
——, "Egyptian Liberalism in an Age of 'Crisis of Orientation' : al-Risala's Reaction to Fascism and Nazism, 1933-39," *Int. J. of Middle East Studies*, vol. 31. no. 4, (1999), pp. 551-576.
——, "The Reader - Another Production: The Reception of Haykal's Biography of Muhammad and the Shift of Egyptian

Amin, Galal A., "Dependent Development," *Alternatives* 2, 1976. pp. 399.

Ansari, Abdou Filali, "The Sources of Enlightened Muslim Thought," *J. of Democracy*, vol. 14, no. 2, (April, 2003). pp. 19-33.

Ayalon, Ami, "Egypt's Quest for Cultural Orientation," The Moshe Dayan Center for Middle Eastern and African Studies, Tel Aviv Uni., Online version, 2004. http://www.dayan.org/D&A-Egypt-ami.htm pp. 1-34.

Ayubi, Nazih, *Political Islam, Religion and Politics in the Arab Wrold*, London, 1991.

Barak, Efraim, "Ahmad Amin and Nationalism," *Middle East Studies*, vol. 43, no. 2, (March, 2007), pp. 295-310.

Berger, Maurits S., "Apostasy and Public Policy in Contemporary Egypt: An Evaluation of Recent Cases from Egypt's Highest Courts," *Human Rights Quarterly*, vol. 25, no. 3, (Aug. 2003) pp. 720-40.

Binder, Leonard, *Islamic Liberalism; A Critique of Development of Ideologies*, Chicago U.P., 1998.

Boullata, Issa, *Trends and Issues in Contemporary Arab Thought*, Albany, SUNY U.P., 1990.

——, "The Early Schooling of Ahmad Amin and Marun 'Abduh," *The Muslim World*, 65, 1975. pp. 93-106.

Brugman, J., *An Introduction to the History of Modern Arabic Literature in Egypt*, Leiden, 1984.

Cachia, Pierre, *Taha Husein - His Place in the Egyptian Literary Renaissance*, London, 1956.

Cragg, K., "Then and now in Egypt. The Reflections of Ahmad Amin, 1886-1954," *Middle East Journal*, 9, 1955. pp. 28-40.

Dawn, C. Ernest, "The Formation of Pan-Arabism Ideology in the Interwar Years," *Int. J. of Middle East Studies*, vol. 20, no. 1,

Hadith fi <Fayd al-Khatir>, Tunis, 2001.
al-Mahasini, Zaki, *Muhadarat ʻan Ahmad Amin*, Cairo, 1962-63.
Ministry of Culture of Egypt, *Ahmad Amin, Arbaʻun ʻAmman ʻala al-Rahil*, ed. by Yusuf Zaydan, Cairo, 1994.
Muntasir, Zainab," *Tatbiq al-shariʻa al-islamiyya amr laisa sahlan: hiwar maʻ al-mufakkir al-islami, Husayn Ahmad Amin*,," *Ruz al-Yusif*, 6. 17, 1985. pp. 32-35.
Sadiq al-Sadr, al-Sayyid Muhammad, "*Hawla al-sunniyyin wa al-shiʻa – ila al-ustadh Ahmad Amin*," *al-Risala*, 12. 30, 1935. pp. 2025-6.
al-Sayyid ʻId, Muhammad, *Ahmad Amin*, Cairo, 1994.
ʻUwayda, Kamil Muhammad Muhammad, *Ahmad Amin: al-Mufakkir al-Islami al-Kabir*, Beirut, 1995.
Zaki, al-Mahasini, *Muhadarat ʻan Ahmad Amin*, Cairo, 1962.
Zayn al-Din, Muhammad Amin, *Ma ʻal-Dulkur Ahmad Amin fi Hadith al-Mahdi wa al-Mahdawiyya*, Beirut, n. a.

３．アミーン父子以外の著作（欧米語）

Abu Zahra, Nadia, "Islamic History, Islamic Identity and the Reform of Islamic Law: The Thought of Husayn Ahmad Amin," in Cooper, John, Ronald L. Nettler and Mohamed Mahmoud (ed.), *Islam and Modernity: Muslim Intellectuals Respond*, London and New York, 1998. pp. 82-104.
Abu Zeid, Nasr Hamid, *Reformation of Islamic Thought*, Den Haag, Amsterdam U. P., 2006.
Ahmad Amin: My Life, tr. by Issa J. Boullata, Leiden, 1978.
Ahmad Amin, Orient and Occident, An Egyptian quest for national identity, tr., by Behn, Wolfgang, Berlin, 1984.
Ajami, Fouad, "The Sorrows of Egypt," *Foreign Affairs*, vol. 74, no. 5, (Sep-Oct. 1995) pp. 72-88.

62-64.
"*Tatbiq al-shari'a al-islamiyya amr laysa sahlan,*" *Roz al-Yusif,* 1. 17, 1985. pp. 32-35.

2. アミーン父子以外の著作（アラビア語）

Ahmad Amin biqalamihi wa asdiqaihi, Cairo, Lajnat al-Talif, 1955.

Amin, Hafiz Ahmad, *Ahmad Amin, Mufakkir sabaqa 'Asrahu,* Cairo, 1987.

Amin, Galal, *Madha 'Allamatni al-Haya*, Cairo, 2007.

——, *Shakhsiyyat laha Tarikh*, Beirut, 2006.

——, "*al-Ghazw al-hadari: nata'amal ma'hu am nasudduh?*", *Tanmiya am Taba'iyya Iqtisadiyya wa Thaqafiyya*, Cairo, 1983. pp. 114-121.

al-'Aqqad, 'Amir, *Ahmad Amin – Hayatuhu wa Adabuhu*, Beirut, 1971.

al-Bayyumi, Muhammad Rajab, *Ahmad Amin: Muarrikh al-Fikr al-Islami*, Beirut, 2001.

al-Danasuri, Fahim Hafiz, *Ahmad Amin wa Atharuhu fi al-Lugha wa al-Naqd al-'Adabi*, Makka, 1986.

Hasan, Muhammad 'Abd al-Ghani, "*Yawm al-islam li duktur Ahmad Amin,*" *al-Thaqafa*, 4. 14, 1952. pp. 28-30.

Husayn, Taha, *'Ala Hamish al-Sira*, Cairo, 3 vols., 1933, 1937, 1943.

——, *Fi Adab al-Jahili*, Cairo, 1927.

——, *Fi al-Shi'r al-Jahili*, Cairo, 1926.

——, *Mustaqbal al-Thaqafa fi Misr*, Cairo, 1938.

——, "*Ila sadiqi Ahmad Amin,*" *al-Risala*, 6. 8, 1936. pp. 921-2, 957-8.

al-Imam, 'Umar, *Ahmad Amin wa al-Fikr al-Islahi al-'Arabi al-*

Hawliyyat al- ʻAlam al-Islami, 1991.
al-Islam fi ʻAlam Mutaghayyir, Cairo, 1988.
al-Mawqif al-Hadari fi al-Naz ʻat al-Diniyya, Cairo, 1993.

（2） 論考など

"*Fi bayt al-qadi* (The Judge' s House)," *al-Musawwar*, 6. 26, 1987. 翻訳 P.J. Vatikiotis, *Middle Eastern Studies*, 25, no.1, (Jan. 1989), pp. 23-30.
"*Hal adda al-tawassu' fi al-ta ʻlim ila raf ʻ mustawa al-thaqafa?*" *al-Ahram*, 3. 30., 2004.
"*Hiwar fi Muskow*," *al-Musawwar*, 10.16, 1987. pp. 54-57.
"*Intiba ʻat mutafarriqa ʻan al-masrah al-sufitiyya*," *al-Musawwar*, 3. 16, 1984. pp. 74-75.
"*al-Islam al-ahmar*," *al-Musawwar*, 4. 6, 1984. pp. 58-60.
"*Jinayat wasail al-i ʻlam ʻala ahl hadha al-zaman*," *al-Ahram*, 7. 17, 2004.
"*al-Mawt fi Tahran shanaqan liman yaqul li ayat Allah la*," *al-Musawwar*, 6. 19, 1987. pp. 50-51.
"*al-Mushlika wa al-hall: hadir a-umma al-islamiyya*," "*al-Mushlika wa al-hall:masuliyyat al-muslimin*," "*al-Mushlika wa al-hall: muntalaqat al-islah*," (3 論考連続), *al-Musawwar*, 10. 28, 1983. pp. 58-63. 11. 4, 1983. pp. 56-58, 11. 18, 1983. pp. 64-66.
"*al-Nisa wa al-rajl*," *al-Musawwar*, 10.7, 1983. pp. 60-61.
"The Present Precarious State of the Muslim Umma," *The Jerusalem Quarterly*, no. 42 (Spring, 1987), pp. 19-37.
"*Rawasib al-din fi taqdis Lenin*," *al-Musawwar*, 4. 20, 1984. pp. 38-39.
"*al-Shura al-islamiyya wa al-dimuqratiyya al-gharybiyya*," *BBC Arabic.com*, 9. 9, 2003.
"*al-Tatarruf al-dini ʻinda al-Yahud*," *al-Musawwar*, 9. 18, 1987. pp.

主要参考文献

＜日本語文献＞

アミーン，アフマド『アフマド・アミーン自伝―エジプト・大知識人の生涯』水谷周訳、第三書館、1990 年。

飯塚正人『現代イスラーム思想の源流』（世界史リブレット）山川出版社、2008 年。

板垣雄三『イスラーム誤認―衝突から対話へ』岩波書店、2003 年。

大塚和夫『イスラーム主義とは何か』岩波書店、2004 年。

小杉泰『現代イスラーム世界論』名古屋大学出版会、2006 年。

中村廣治郎『イスラームと近代』岩波書店、1997 年。

ハッラーク，ワーイル『イジュティハードの門は閉じたのか―イスラーム法の歴史と理論』奥田敦編訳、慶応義塾大学出版会、2003 年。

＜日本語以外＞

1．アミーン父子（大半はアラビア語）

＊アフマドの主要著作は、本書第２章および *A'lam al-Adab al-Mu'asir fi Misr, Vol. 4, Ahmad Amin* (eds.), by Hamdi al-Sukut and Marsedn Jones, Cairo and Beirut, 1981. を参照。

＊フサインの主要著作：
（１） 書籍：
Dalil al-Muslim al-Hazin, Cairo, 1983.
Fi Bayt Ahmad Amin, Cairo, 1985.
Hawla al-Da'wa ila Tatbiq al-Shari'a al-Islamiyya, Cairo, 1985.

り

る

い

う

お

か

き

く

こ

さ

し

そ

た

主要人名索引

（アミーン父子アフマドとフサインを除く）

あ

著者紹介

水谷　周　（みずたに　まこと）

1948年京都生まれ。イスラーム研究家。京都大学文学部卒業、米国ユタ大学中東センター博士（歴史）。アラブ イスラーム学院元学術顧問、中東国際法事務所（ベイルート）上級顧問、日本ムスリム協会理事。日本にもなじみやすいイスラーム信仰の紹介を目指す。

著書に『イスラーム信仰とアッラー』知泉書館、2010年。『アフマド・アミーン自伝（解説・訳注）』第三書館、1990年。*An Intellectual Struggle of a Moderate Muslim; Ahmad Amin*, Cairo（エジプト文化省）, 2007. 『日本の宗教―過去から未来へ』（アラビア語）ダール・アルクトブ・アルイルミーヤ社、ベイルート、2007年、など。

イスラーム現代《げんだい》思想《しそう》の継承《けいしょう》と発展《はってん》―エジプトの自由主義《じゆうしゅぎ》

平成23年4月15日　初版第1刷発行

ISBN978-4-336-05212-4

著　者　水　谷　　周

発行者　佐　藤　今　朝　夫

〒174-0056 東京都板橋区志村 1-13-15

発行所　株式会社　国　書　刊　行　会

電話 03(5970)7421　FAX 03(5970)7427

E-mail: info@kokusho.co.jp　URL: http://www.kokusho.co.jp

落丁本･乱丁本はお取替えいたします。　印刷 モリモト印刷㈱　製本 ㈱ブックアート

イスラーム信仰叢書　全10巻

総編集　水谷　周　協力　樋口美作
2010年4月より隔月刊
定価：2625円(税込)より

1 イスラーム巡礼のすべて
水谷周著

三〇〇万人を集める巡礼はイスラーム最大の行事であり、一生に一度は果たさなければならない信者の義務である。この巡礼の歴史、儀礼、精神面などを総合的に扱った、わが国最初の本格的解説書。

2 イスラームの天国
水谷周訳著(アルジャウズィーヤ原著)

イスラームの人生観は、最後の日の審判にどう臨むか、その日に備え、どれだけ善行を積むかということに尽きる。その天国の様を描いたことで知られる古典を摘訳し、注釈を付す。

3 イスラームの預言者物語
アルジール選著／水谷周・サラマ サルワ訳

預言者ムハンマドはアッラーの使徒として啓示を伝えた。その預言者の人となりや、ムスリムにとっていかに敬愛すべき存在かを、アラブ・ムスリム自身の言葉で綴る。生の声を聞く貴重な機会。

4 イスラームの原点―カアバ聖殿
水谷周著

イスラームの礼拝の方向はカアバ聖殿であり、その歴史は人類の祖アダムに遡るとされる。秘儀に満ちたカアバ聖殿の歴史と種々の事跡について、わが国で初めてアラビア語文献を渉猟して執筆。

5
水谷周著
イスラーム建築の心—マスジド
イスラーム建築の粋は礼拝所であるマスジド（モスク）である。いかに豪華、壮大、多様であっても、その中核的な心は、礼拝における誠実さ、忍耐、愛情、禁欲、悔悟などの徳目に力点が置かれる。

6
飯森嘉助編著
イスラームと日本人
イスラームは日本人にとって、どのような意味を持ちうるのか。イスラームと日本人の接点を回顧し、今後の可能性と問題をまとめる。（飯森嘉助、片山廣、最首公司、鈴木紘司、樋口美作、水谷周）

7
河田尚子編著
イスラームと女性
イスラーム本来の教えでは、男女平等が唱えられている。何が問題になるのか、教えの基本に立ち返って論じる。（金山佐保、齊藤力二朗、前野直樹、永井彰、松山洋平・朋子、リーム・アハマド他）

8
徳永里砂著
イスラーム成立前の諸宗教
イスラームの登場した紀元七世紀以前のアラビア半島の宗教状況は、従来、ほとんど知られていなかった。わが国で初めて本格的にこのテーマに取り組む。

9
水谷周著
イスラーム現代思想の継承と発展
イスラームの現代における政治、社会思想は、どのように継承発展させられているのか。著名な学者父子の思想的な関係を通じて実証的に検証し、アラブ・イスラム社会の家族関係の重要性も示唆。

10
水谷周編著
イスラーム信仰と現代社会
政治、経済、そして安楽死や臓器移植など、現代社会を取り巻く多岐にわたる諸問題に、イスラーム信仰の立場から、どのように捉え対応していくべきかに答える。（奥田敦、四戸潤弥、水谷周他）

アラビア語の歴史

水谷 周 著

アラビア語は世界最大クラスの言語!!

「クルアーン」の言語である

アラビア語の源泉から現代まで解説。

――アラビア語史の画期的入門書

四六判・並製・200ページ　定価：1890円(税込)

【収録内容】アラビア語の出自―セム語について、イスラーム以前の状況、イスラーム以降の充実…文字と記述法の成立・文法整備・辞書の編纂…、アラビア語拡充の源泉、アラビア語文化の開花―詩・韻律文・そして散文、アラビア語の地域的拡大、アラビア語の語彙的拡大、近代社会とアラビア語、現代アラビア語の誕生、アラビア文字と書体例、分野別アラビア語辞書一覧（注釈付）、アラブ報道と現代史……